音楽之友社
音楽指導ブック

音楽科必携！

歌ってたのしい！

歌唱共通教材 指導のヒント

富澤 裕

音楽之友社

はじめに ――文部省唱歌小史――

明治５年に学制が発布され近代日本のあゆみが始まりました。音楽教育も提唱されたものの５年前までは江戸時代、西洋音楽を教えるノウハウなどあるはずもなく、小学校に〔唱歌〕、中学校に〔奏楽〕が置かれながら「当分之ヲ欠ク」との但し書きがつけられ実施されませんでした。このままではいけないと、明治12年伊沢修二を御用係（担当官）とする音楽取調掛が開設され音楽教育導入への具体的研究が始まりました。まず音楽をどう位置づけるか３つの意見を採りあげ検討しています。

1. 優れた西洋音楽を日本に移植する。
2. 各国皆それぞれの言葉や文化がある。外国音楽の移植ではなく「我固有の音楽を培育完成するに如かず」。
3. どちらの意見も解るが偏っている。そのまん中をとって「東西二洋の音楽を折衷し、今日我国に適すべきものを制定するを務むべし」。

伊沢は３番目の意見を至当とし、その実現のために３つの大綱を決めました。

1. 「東西二洋の音楽折衷に着手する事」
2. 「将来国楽を興すべき人物を養成する事」
3. 「諸学校に音楽を実施して適否を試る事」

教材をつくり、人を育て、実施して成果を確認しろ。この堅実な方向性のもと、伊沢自身が留学時に師事した先生を日本に招き指導を仰ぎながら、日本人は未知の世界へとこぎ出したのです。

取調掛開設から３年後の明治15年、最初の教科書『小学唱歌集』が発行されました。まだ独自の作曲はできず外国曲に日本語歌詞を付けたものでしたが、その中には『蛍の光』『仰げば尊し』『むすんでひらいて』『ちょうちょう』など、今日なお愛され歌われ続けている曲たちが含まれています。日本人にふさわしいものを、という真摯な姿勢による選曲が間違っていなかった証ですね。そして明治43年発行の『尋常小学読本唱歌』、翌年発行の『尋常小学唱歌』で、全曲が日本人の手でつくられた唱歌集が誕生することになります。そこで生み出された多くの歌たちは、100年という時を超えて生き続けている。音楽作品が生き続けるには、作品それ自身が強い生命力を持っていなくてはなりません。時というふるいをくぐり抜けてきた歌たちの中から、今の子どもたちに教えるべき歌としてさらに厳選された珠玉の歌たち。それが共通教材だといってよいでしょう。

先人への想い、唱歌たちへの想いを胸に子どもたちと、先生方と、お年寄りの方々と、さまざまな場でこれらの歌たちに接してきました。その中で“私が”考え、やってきた事柄を一冊の本としてまとめてみました。これは“共通教材指導の手引き”でも“あんちょこ”でもありません。なぜならば一つひとつの歌が無限といっていい解釈の、指導の、演奏の可能性を持っているものだからです。これはあくまでも私富澤のやってきた実践例に過ぎませんが、そのなかに何か読者の皆さまのご参考となり、ヒントにしていただけるものがあるのではと願っています。

＊このページの「　」部分は『音楽取調成績申法書』（明治17年、伊沢修二編著）より引用しました

目次

第1章

小学校
歌唱共通教材

第1学年

日のまる

文部省唱歌
高野辰之 作詞・岡野貞一 作曲

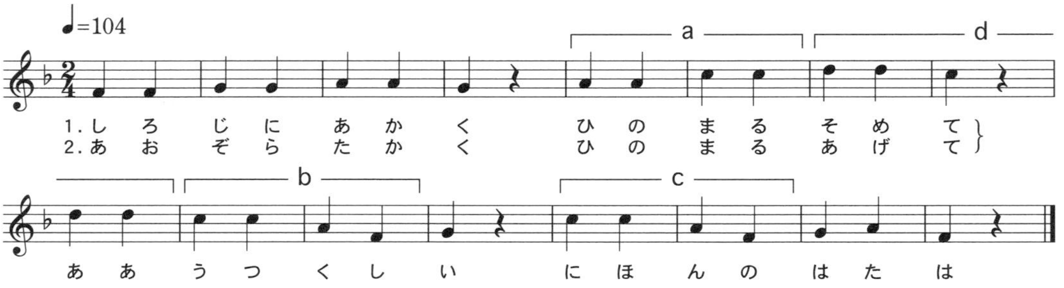
♩=104
a
d
1.しろじにあかく ひのまるそめて
2.あおぞらたかく ひのまるあげて
b
c
ああうつくしい にほんのはたは

明治44年（1911年）発行の『尋常小学唱歌』第一学年用に掲載された曲で、このときは『日の丸の旗』という題名で2番の歌詞も現在のものとは違っていました。昭和16年（1941年）発行の『ウタノホン（上）』に掲載された際に題名が『ヒノマル』と変わり、1番の歌詞が〈青空高く〉からはじまる現在の2番のものに変更されました。戦後の再改訂で1番がはじめのものに戻され、昭和16年につくられた新しい1番の詩がそのまま2番とされ、最初の2番は姿を消しました。

時代の波にほんろうされ続けてきたことは、国旗「日のまる」を題名とする曲の宿命だったかもしれません。

音楽との出合い

この曲は『尋常小学唱歌』第一学年用の第1曲目、子どもたちが学校で最初に出合う曲でした。曲の驚くべき単純さはそれを意図してのことでしょう。4分の2拍子、使用される音符は4分音符と4分休符のみ。音域は6度に、音程の跳躍も4度以内に抑えられています（音程→ p.89）。ここまで単純であることに徹しながら、その旋律が音楽的魅力に富んでいることは驚くべきことで、その単純明快さはベートヴェンの『歓喜の歌』に通じるものがあるかもしれません。それもそのはず、作曲者は岡野貞一ではありませんか！　『春がきた』『もみじ』『ふるさと』『おぼろ月夜』、日本のシューベルトとも呼ぶべき作曲家の手によって生み出されたこの曲が“単なる単純な曲”などで終わるはずがありません。

最高度の単純さ

説明的な最初の4小節では順次進行のみが用いられ、5・6小節目で

【※1 順次進行】 ある音がド - レのように隣の音に進むこと。これに対し、音が跳ぶ進み方は「跳躍進行」という

初めて現れる３度の跳躍（**楽譜のａ**）によって〈日のまる〉という言葉を強く印象づけつつ最高音に到達します※１。続く感嘆詞〈ああ〉は最高音であることにより心の高まりを自然に表現しつつ、今度は下行の３度跳躍（**譜例のｂ**）によって〈美しい〉という言葉を印象づけ、〈美しい〉と全く同じ音型・音程（**譜例のｃ**）によって〈日本〉という言葉が歌われます。しかも感嘆詞〈ああ〉の最高音は、直前に一度到達して音高や響きを確認したうえで十分にブレスをとって歌うようになっている（**譜例のｄ**）。なんと見事な設計でしょう。

え？　一番大切な言葉である〈日本〉がなぜ最高音ではないのか？　確かに〈日本〉は最高音ではありませんが、唯一の４度音程の跳躍によって到達するのです。跳躍の幅が大きくなるほど音は緊張感を増します。その緊張感と〈美しい〉と同じ音程である自然さが、歌うものの心に無理なく届いてくるのです。さらに、日本語をしゃべるときには文節のはじめの部分に最もピッチの高い部分があり、以後段落を閉じるまでその高さを超えません。文章の後段のピッチが前半を超えてしまうと、アニメのセリフのようにわざとらしく大げさに聞こえてしまうのです。そういう押しつけがましさは、ここには全くありません。

これほど単純な曲の中に張り巡らされた最高度の作曲技法に感嘆せざるをえません。

拍に乗る

今の子どもたちは明治期の子どもたちとは違い音楽はとても身近です。耳からどんどん覚えてしまいますからシンコペーション（→ p.89）だって苦にしませんが、これははじめから応用問題をやるようなもの。この曲は単純だからこそ“音楽の基礎の部分”をしっかり学ぶためのとてもよい教材となります。１小節ごとに音高の変わる旋律は２拍子の拍節感をつかむには最適ですので、体を動かして拍を感じながら歌う練習は効果があるでしょう。指揮法の練習のように、ポーンポーンとボールが弾むようなリズム感で拍を取ることが大切です。試みに、全く体を動かさず拍を感じずに歌ってみてから、拍に乗りながら歌ってみると楽しさが全く違うはずです。休符で拍の流れが止まらないように気をつけると、８小節目２拍目の休符での跳ね上がりが〈ああ〉という感嘆詞の表現に結びつくでしょう。低学年でしっかりと身につけた弾むリズム感が、これから学んでいくすべての曲の基礎となります。“拍に乗る”まさに共通事項ですね。

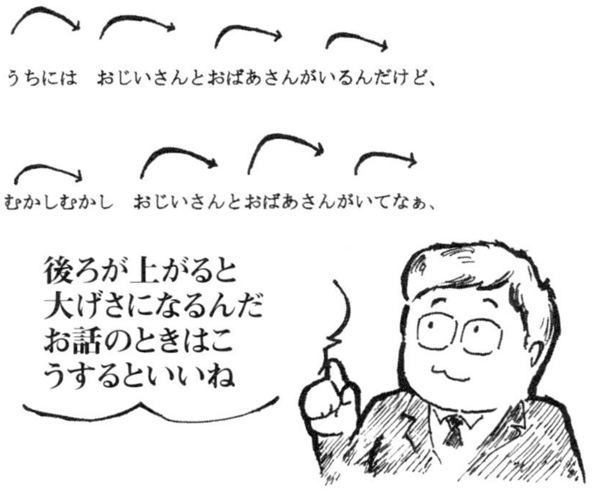
うちには　おじいさんとおばあさんがいるんだけど、
むかしむかし　おじいさんとおばあさんがいてなぁ、
後ろが上がると
大げさになるんだ
お話のときはこ
うするといいね

第1学年

かたつむり

文部省唱歌

♩=92
(半終止)
1. でんでんむしむし かたつむり
2. でんでんむしむし かたつむり
[ソミド]
(完全終止)
おまえのあたまは どこにある
おまえのあめだまは どこにある
つのだせ やりだせ あたまだせ
つのだせ やりだせ あめだまだせ

譜例1

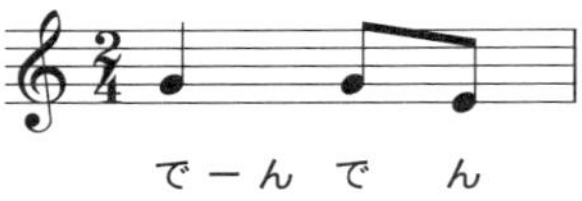
でーんでん

明治44年（1911年）発行の『尋常小学唱歌（一）』で発表されました。1年生用、しかも入学直後の6月ごろに歌われるはずの曲ですから、音楽学習への導入という役割が与えられているものと思われます。その視点から編纂者のねらいを探ってみましょう。

構成上の特徴

この時代の唱歌の多くに共通する特徴として「旋律の反復がない」ことが挙げられます。外国曲は主題（動機）の反復・組み合わせにより構成されるものが多く、それが二部形式・三部形式といった形式の基盤となります（主題、動機、形式→ p.92 ）。『メリーさんのひつじ』（高田三九三訳詞／アメリカ民謡）はA・A’の一部形式。『ぶんぶんぶん』（村野四郎訳詞／ボヘミア民謡）はA・B・Aの三部形式。このカッチリした構成感が西洋の美意識なのでしょう。

これに対して日本の唱歌では、はじまりから終わりまで、同じ旋律が一度も反復されないものが多いのです※2。これは当時の作曲家が日本語の特徴を音楽化することに心を砕いた結果であろうと思います。日本語は高低の抑揚が重要ですので、旋律の反復をするには同じ抑揚の単語でなければなりません。旋律を優先して詩の抑揚の自然さを犠牲にするよりも、歌詞を自然に語れることを優先したのでしょう。

【※2】 典型として童謡『背くらべ』（海野 厚作詞／中山晋平作曲）を挙げておきます。24小節もありながら、終止のために延ばすところ以外は同じ音の小節が一つもないのは驚くべきことです。旋律を反復しない代わりに、日本語の語感が「タタ タン タン」というリズムの反復によって強調されている。「リズム動機」とそれを支える和声によって音楽に構成感を与えているといってよいでしょう。

リズムのおもしろさ

『かたつむり』は『背くらべ』と同じ方法で書かれています。偶然一致している１・６小節以外に同じ小節はありません。旋律の反復に代わり、付点音符と８分音符によるリズム動機（**楽譜の★**）を執拗に反復することで曲の性格を決定づけています。

全体は12小節ですが４小節目で半終止、８小節目で完全終止をすることでいったん区切りをつけ、最後の４小節では付点音符をなくし跳躍音程による元気いっぱいの旋律で終止する（半終止、完全終止 → p.93 ）。リズム動機と和声（→ p.92 ）に歌詞の表現が加わってＡ・Ａ・Ｂというがっちりした構成となっており、形式的には完全終止である８小節目が、旋律的には終止せずに締めくくりのＢへ続くことでリズム的にも音程的にも内容的にも性格の違うＢと自然につながり、大きな一部形式のようなまとまりを獲得しているのです。見事な作曲ですね。

編纂委員のねらいは

初めて音楽を学ぶ子どもたちに何をつかんでほしいか……。

楽しく元気いっぱいに→歌いやすい２拍子と弾む付点音符。
理解できる内容→でんでんむし、という子ども言葉。気持ちを込めやすい歌詞。
基礎の学習→付点音符と８分音符の練習。主和音ドミソの響きをつかめる旋律。
開始の音程ソミドが終わりの４小節につながる（**楽譜の○音符**）。

富澤流解釈ですが、教材としての用途の広さに唱歌編纂委員のねらいがわかる気がします。１学年の６月という時期から見ても、発声の細かいことなどにこだわるよりも、のびのびと楽しく歌いたい教材ですね。

「ん」を歌う

歌いはじめの〈でんでん〉には注意するべきポイントがあります。16分音符に〈ん〉があたっているのですが、意識せずに歌うと〈ん〉が弱母音のようになりリズムと響きが失われます（**譜例１**）。あまり速いテンポをとらず「１と２と」のように拍の裏を感じるように歌うと付点音符と８分音符の違いがよくわかって楽しいでしょう。さらにリズムを丁寧に感じることで幼稚園児的な発声になることも防げます。

tem-pura ten-don
おなじじゃないんだ

日本語の〈ん〉は後続音が口唇音のとき唇が閉じて〈m〉音に、それ以外のときは〈n〉となります。「shin-juku」「shim-bashi」のように駅の表示も書き分けられています。ということは「den-dem-mushi」か……、確かにそう発音していますね。歌うときには〈でんでん〉で意識が完結しますので、あまり神経質になることはないと思いますが。

第1学年

うみ

文部省唱歌
林 柳波（りゅうは） 作詞・井上武士（たけし） 作曲

1. うみは ひろいな おおきいな
2. うみは おおなみ あおいなみ
3. うみに おふねを うかばせて
つきが のぼるし ひがしずむ
ゆれて どこまで つづくやら
いーって みたいな よそのくに

譜例1

とびだすな
くるまはきゅうに
とまれない

昭和16年発行の国民学校初等科1年生用の教科書『ウタノホン（上）』に掲載されました。歌いやすく、覚えやすい曲ですが、

- ３拍子である
- 音域が１オクターヴと広い
- 順次進行と、３度から５度までの跳躍音程が自在に組み合わされた旋律である

などポイントの多い曲でもあります。順に見てみましょう。

３拍子を体感する

俳句、短歌にみる五七五系のリズムを実際には休符（ブレス）を置いて２拍子として感じるように（**譜例１**）、日本語は２拍子のリズム感を基本に持つと思われます。それだけに３拍子は“語る”とは違う“歌う”ということを実感させる拍子です。『ふるさと』『おぼろ月夜』『冬げしき』、高学年で扱う“美しく歌う”曲たちの多くが３拍子であることも偶然ではないでしょう。１年生ですから理論としての拍子ではなく、音楽としての３拍子感をつかませたいですね。以下のような簡単な動作をつけてみてはいかがでしょう。

1
2
3

二人一組で向かい合い
１拍目：自分のひざをたたく
２拍目：顔の前で手をたたく
３拍目：前の相手とハイタッチ

このような動作をつけて歌うことで３拍というサイクルを体にたたき込んでしまうのです。楽しいので子どもは大声で元気いっぱい歌うでしょう。そしてここからがポイント！

① 「今の歌い方だと１・２・３じゃぶじゃぶじゃぶ　洗濯機みたいで海の波じゃないよね。ゆったりした海の波にしてみようか」と伝え
② １小節を１拍とカウントして「ざぶ〜んざぶ〜ん」と左右に大きく手を振ってみる。
「さあ、海の波のように歌おう」

子どもたちはレガートの３拍子で歌えるでしょう。いきなりレガートからはじめてしまうと拍子感のないペターっとした歌になりやすいのですが、はじめに３拍子感を体にしみ込ませているので、大きなレガートになっても拍子感を失うことはありません。この歌い方は２小節単位で手が往復しますので実は６拍子の予習にもなっているのです※３。

【※3】 ３拍の動作をゲーム化したものを拙著『歌唱・合唱指導のヒント』18 ページで紹介しています。ご参照いただけたら幸甚です

音域と跳躍

この曲の音域は主音トを中心に下の属音ニから上の属音ニまでの１オクターヴとなります（主音、属音 → p.90 ）。旋律には主音から主音までの１オクターヴを音域とするものと、属音から属音までを音域とするものと二つのタイプがあります。旋律のはじまりと終わりの高さをしっかりと把握することで、歌いやすさ、覚えやすさがぐっと増します。この曲は第４音、第７音を持たないいわゆる“ヨナヌキ”（→ p.91 ）ですので、省かれた音の部分で旋律が跳躍することになります。存在する音を飛び越すのではなく、はじめからない音を飛ばしていく跳躍ですから自然であり、全く難しくないのですね。

昭和 16 年の『ウタノホン（上）』では全 20 曲のうち８曲がヘ長調、ト長調ですが、すべて“ヨナヌキ”です。ヨナヌキではヘ長調における変ロ音、ト長調における嬰ヘ音が現れないので、どの曲も調号を用いずに記譜されています。難しさを取り除くための編纂者の工夫がヨナヌキの多用につながっているのかもしれないと考えると感慨深いものがありますね。

ひらいたひらいた

わらべうた

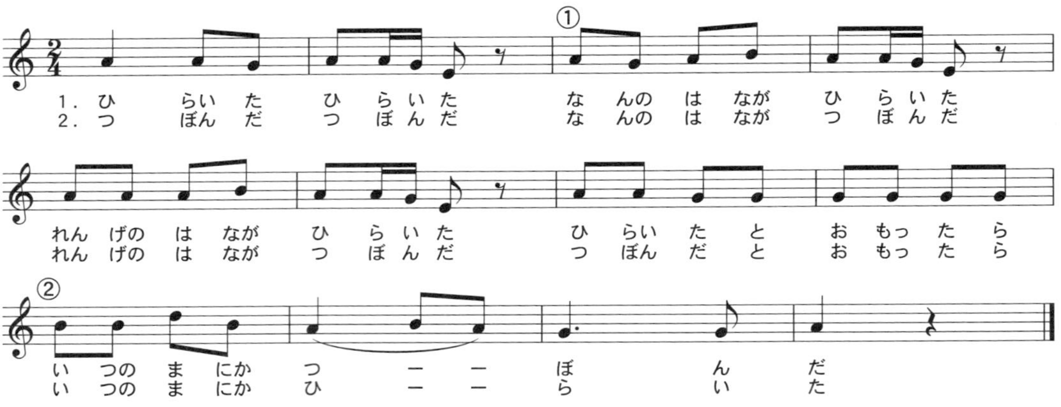
①
1. ひ　らい　た　ひ　ら　い　た　な　んの　は　なが　ひ　ら　い　た
2. つ　ぼん　だ　つ　ぼ　ん　だ　な　んの　は　なが　つ　ぼ　ん　だ
れん　げの　は　なが　ひ　ら　い　た　ひ　らい　た　と　お　もっ　た　ら
れん　げの　は　なが　つ　ぼ　ん　だ　つ　ぼん　だ　と　お　もっ　た　ら
②
い　つの　ま　にか　つ　ー　ー　ぼ　ん　だ
い　つの　ま　にか　ひ　ー　ー　ら　い　た

譜例1　歌い方のバリエーション例

①
なんのはなが　ひらいた
②
いつのまにか　つ　ーー　ぼん　だ

小学校の歌唱共通教材24曲の中にはこの曲のほかに、3年『うさぎ』、4年『さくらさくら』、5年『子もり歌』、6年『越天楽今様』と4曲の日本古謡があり、2年ではわらべうたを模した『かくれんぼ』が置かれているので、各学年1曲ずつわらべうたや日本古謡に接することができるようになっています。これらの曲は今日の生活の中に自然に根づいているものではないために、教えにくい曲と考えられがちですが、だからこそ自国の大切な文化の一つとしてしっかりと取り組みたいものです。

第一弾のこの曲は「わらべうた」、すなわち遊びうたですが、今の子どもたちは「わらべうた」を歌って遊ぶでしょうか。広場やお寺の境内に集まって遊ぶ子どもたちの姿を見ることが少なくなった今日では、わらべうたは幼稚園や保育園で習い、経験することが多いのではないかと思います。そのため一部の子たちにとってはすでに知っている曲になりますが、小学校1年生は全員横一線のスタートラインですので、経験格差を生まないためにも全員で楽しく歌っておきたいですね。

音楽的に見れば陽旋法（→ p.91）の典型的な旋律ですが、本来遊びうたですのでソルフェージュ的な音程やリズムの正確さにとらわれることはないでしょう。みんなで体を動かしながら楽しく歌うこと、それが一番ですね。

ハスの花

私は、この曲に歌われているレンゲの花を、春になると田んぼに咲いていたかわいい紫色の花のことだと思い込んでいましたが、これはハスの花なんですよね。気づいたのは30代になってから……。赤面ものです。ハスの花は7・8月ころ開花します。朝早く開き、お昼ごろには閉じてしまう。なるほど、田んぼのレンゲは閉じません。

この歌は茨城県地方が発祥とそく聞しますが、霞ヶ浦のほとりで見たハスの花の美しさ。あのハスを見て育った子どもたちの歌にハスの花（蓮華）が歌われたのは自然なことだったでしょう。ハスの花を見ていない子どもは私同様の勘違いをするかもしれませんから正しく教えてあげたいですね。いや、最近は田んぼのレンゲを見ることも少ないか……。

遊び方と音楽的課題

この歌は〈輪遊び〉です。みんなで手をつなぎ輪になって歌いながら歩きます。手を広げた大きな輪ではじめ、9小節目の〈いつのまにか、つぼんだ〉のところで手を縮めて輪を小さくし真ん中に集まります。2番は小さい輪のまま歩き、9小節目の〈いつのまにか、ひらいた〉のところで手を広げ大きな輪になります。たったこれだけですが、ほかの子とほっぺたがくっつくほど小さくなると楽しいですよ。つぼんだときには小さい声で、開いたときには大きな声で、と強弱をつけると楽しさが膨らみます。

難しいのは歩き方です。いろいろなテンポで歌われますが、一般に歌われる♩＝60以下ぐらいの速度では足が先に行ってしまいます。私が子どものころは8分の4拍子のように1小節を4歩で歩いたように記憶しますが、4分音符で歩くときには歌いながら手を振るようにするとゆっくりとした速度で足を運びやすくなります。手をつないでいるので転んだときにけがをしやすいですから、無理のない歩き方をすることですね。歌にあわせて歩くより、歩きにあわせて歌う感覚でよいのではないでしょうか。拍の流れを感じなくては……いや、それはほかの曲でいくらでもできる。まずは楽しく！　そして陽旋法になじむことでしょう。

伝承されてきたわらべうたですから歌い方は地域によってさまざまです。旋律やリズムにも違いが見られます（**譜例1の①②**）。もしもその地域に伝承された歌い方があるのなら、その歌い方でもよいのではないか、と思います※4。

【※4】　この曲を歌ったら『かごめかごめ』もやってみたいですね。こちらは後ろが誰かを当てるというゲーム性がありますので、より面白いですし、メロディーもリズムも『ひらいたひらいた』とそっくり！　音の仕組みが同じであることを感じられたら素晴らしいですね

私は
つ ーー　ぽん だ
だったな……

コラム1

1年生は元気いっぱい!!

笑うの大好き！　走るの大好き！　大きな声を出すの大好き！　だから歌が好き！

１年生はいつも元気いっぱいであってほしいですね。静かにしてほしいときもありますが、大きな声を出していいときと、いけないときの区別をつけてほしいということであって、静かにしているときでも元気でなければ。元気は意志の力です。「今は静かにするんだ」と自分の意思で静かにしているときには、元気＝気力はみなぎっています。声は気力のバロメーターで、気力のなくなった人から声は出ません。まして歌声など。やはり１年生は元気いっぱい大きな声でのびのびと歌ってほしいと思います。

でもそれだけではない。子どもたちは幼稚園や保育園で、楽しい遊びの一つとして大好きな歌をたくさん歌ってきました。小学生になり、今までどおりに歌い「それでよし」とされたら小学校での音楽が幼稚園・保育園のお歌と同じものになってしまう。歌がこれまでの遊びから学習へと進化していることを、どこかで認識しなければなりません。それには「小学生になった」と子ども自身が成長を自覚している１年生が最適ではないでしょうか。

大声で叫ぶように歌う子ども。元気＝気力に満ちあふれた声は素晴らしいですね。幼稚園の先生が子どもたちに教えてくれた「歌が大好き！　と思って大きな声で一所懸命に歌う」こと、これは生涯失ってほしくない一番大切な心です。その上に、新しい学びを積み上げましょう。元気な心で静かにしていることができるように、大声を出さなくても元気に一所懸命に歌うことができる。同じ歌を歌っても幼稚園・保育園と小学校ではこんなに違うんだ！　ぼくたち上手くなったよ！この成長を実感させてあげたいですね。

共通教材たちがそれぞれに持っている要素と、学習指導要領に示された目標と内容をしっかりとかみ合わせるという、いわば当然のことを確実に踏まえていけたら、共通教材たちは彼らが「教材」であることの価値を最大限に発揮できるものと思います。

『ひらいたひらいた』は遊びうた。「遊びながら歌う活動や体の動きを伴った活動」という部分に完全に一致しますね。日本の音階によっていますので「違和感を持たずに歌えるように」しておくことで２年生の『かくれんぼ』以降、各学年１曲ずつ出てくる日本の音階による曲への土台をつくっておきたいと思います。『かたつむり』はその延長線上にありますが「弾む付点音符と８分音符の歌い分け」という楽典的課題がすでに現れています。４分音符ばかりの２拍子である『日のまる』と合わせて「２拍子の拍の流れを感じ、その流れに乗って歌う」という基本をしっかりと身につけさせたいものです。『うみ』では早くも３拍子が現れます。楽典的知識としてではなく、それぞれの拍子を感じ取ること……。どうしましょう。

１年生と『うみ』を学習したとき「２つと３つとどっちが合うかな？」と質問したら多くの子が「２つ」と答えました。理由は？「『う・み』は２つだから」。そう、見当違いの答えのようでも理由はあるのです。「じゃあ２つで切ってみよう」「うみ、はひ、ろい」「おかしい！３つだ!!」「じゃあ歌ってみよう」。子どもは自ら３拍の流れを発見できるのです。

ひろいな
は　4つ　!!
ひろ・い・な
だから　3つだよ

第2学年

かくれんぼ

文部省唱歌
林 柳波（りゅうは） 作詞・下総皖一（しもふさかんいち） 作曲

かくれんぼするものよっといで
じゃんけんぽんよ あいこでしょ
もう いい かい まあ だ だ よ もう いい かい もう いい よ

擬似わらべうた

各学年１曲ずつ日本の音階による曲が選ばれている中の１曲。一見伝承音楽に見えますが、林柳波（明治25年〜昭和49年）作詞、下総皖一（明治31年〜昭和37年）作曲による作品で、昭和16年発行の『ウタノホン上』に掲載されました。

〈じゃんけんぽん〉〈もういいかい〉等の部分は実際に子どもたちが遊ぶときに歌う旋律を借用し、あたかも本物のわらべうたであるかのようにまとめられた“擬似わらべうた”です。わらべうたそのものでは地域差もあり音楽作品としては扱いにくいので、学習に用いうる教材としてわらべうたを模して創作し、日本音楽への導入としたのでしょう。

付点音符の扱い

付点のリズムが多用されていますが、この曲がわらべうたを模したものであるとすると、この付点は西洋音楽の３対１の付点ではなく、２対１の３連音符に近い弾み方をすることが自然でしょう。付点音符と３連音符の中間のようなこのリズムは西洋式記譜法では表記できませんが、日本人のＤＮＡの中にちゃんと入っているようで、放っておけば自然にこのリズムになりますので指導は必要ないでしょう。むしろ正確な付点音符で歌うべき曲があいまいになることに注意をしつつ、子どもが混乱しない範囲で日本の音楽特有のリズム感であることを話してあげられると良いですね。

じゃんけんのリズムについて

この曲では〈じゃんけんぽん〉に4拍があてられていますが、これは古いスタイルで、現在のじゃんけんは2拍が普通になっています（図）。この曲を歌うことで昔からのスタイルにふれておくことにも意味があるかもしれませんね（じゃんけんのリズムに関しては拙著『歌唱・合唱指導のヒント』66ページで簡単な考察をしています。ご参照いただけたら幸甚です）。

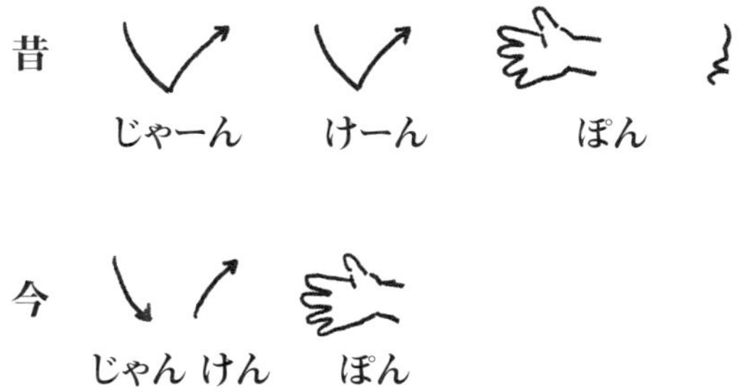
昔
じゃーん
けーん
ぽん
今
じゃん
けん
ぽん

遊びから演奏へ

歌詞はすべて実際に遊んでいる子どもたちの声の描写です。遊びうたですから楽しく歌いたいですが、実際にかくれんぼをしながら歌うわけにはいきません。この曲が“擬似”であることの意味がそこにありそうです。実際に遊ぶのではなく、楽しく遊ぶようすを歌によって表現しようとすることで、ただの遊びうたが音楽作品へと進化しているといえるのではないでしょうか。“遊んでいるつもり”これは“まねっこ”です。まねっこそのものが“ごっこ遊び”であり、子どもにとっては楽しい遊びです。同時にそれは表現活動でもあります。

低学年の教科書には強弱記号が記されていませんが〈もういいかい　まあだだよ〉の呼びかわしには強弱表現が求められています。資料により表記に違いがあり、①全部 *mf* で最後の〈もういいよ〉だけが *p* となっているもの、②〈もういいかい〉が *mf* - *p* - *mf* という表記のもの（音の大きさを変えなさい、という指示かと思われます）、③〈もういいかい〉がつねに *mf* で、答える声が *mf* - *mp* - *p* と小さくなっていくもの、などがあります。さまざまな指導が考えられますが、例えば最後のものならば「答える声がしだいに小さくなっていく」ということで、この部分は鬼の立場で歌われていて隠れる子が遠ざかっていく表現と考えられますね。音量の変化によって何かが表現できる、何かを表現するために音量が変化するのだということを子どもたちは経験し学ぶのです。一見ただの遊びうたに見えますが、そこから音楽活動の基礎となるべき重要なものを学ぶことができるのです。

じゃんけん だよ！
じゃ～ん け～ん

第2学年

夕やけこやけ

中村雨紅（うこう） 作詞・草川信（くさかわ しん） 作曲

♩=84
1. ゆ う や け こ や け で ひ が く れ て
2. こ ど も が か え ーっ た あ と か ら は
や ま の お て ら の か ね が な る
ま る い お お き な お つ き さ ま
お ー て て つ な い で み な か え ろ
こ と り が ゆ め を ー み る こ ろ は
か ら す と い ーっ しょ に か え り ま しょう
そ ら に は き ら き ら き ん の ほ し

譜例1

ゆう や け

誰の心にも残る子どものころの思い出。美しい夕やけを見たとき、この曲が心に浮かぶ人は多いのではないでしょうか。官製の唱歌ではなく初めから童謡としてつくられた曲の中で、この曲ほど広く深く浸透した曲はないでしょう。

作詞者の中村雨紅（明治30年～昭和47年）は現在の東京都荒川区立第二日暮里小学校、および荒川区立第三日暮里小学校の教員として長く勤めました。この詩は中村が第三日暮里小学校に勤務していた大正8年に書かれています。私は第三日暮里小学校に伺ったことがありますが、作詞者直筆の詩の拓本が飾られているのを見たときの感動は忘れることができません。そう、この詩は詩人が書斎で腕組みをしながら考えて書きあげたものではなく、現場の先生が子どもたちと過ごす日常の時間の中で紡ぎ出したものなのです。その詩が今も子どもたちの笑い声に包まれながらその成長を見守っている……涙が止まりませんでした。

詩の舞台となったのは中村の生家のあった東京都八王子市であるともいわれていますが、中村自身は舞台がどこかは明らかにしていません。それでよいのでしょう。すべての人の心に残る懐かしい夕やけと子どものころの記憶。この詩の舞台は受け取る人の数だけ無限にあるのです。

子どもたちにとってはどうでしょうか。小さい子は対象（ここでは夕やけ）に対する漠然とした興味や好意は持ちますが、それを自身の生活の一こまとして認識するためには学ばなければなりません。いわばこの曲を歌うことで「美しい夕やけ——楽しい1日の終わり」という認識を持つようになるのかもしれませんね。

誰の目線か

この曲の主体は誰でしょうか。童謡として書かれているものの、子どもの目線ではなく教師（大人）の目線ではないか、と思います。〈おててつないで　みなかえろ〉という一節も子どもが歌うときには子ども自身の行為として歌われますが、ここでは元気いっぱいに遊び家路につく子どもたちを見守るまなざしではないでしょうか。だから２番では「子どもが帰ったあと」の時間が歌われるのでしょう。

子どもたちが歌う場合には１番は子どもたち自身の行為ですから問題なく自然に感情移入できるでしょう。しかし、２番を同じ目線で歌うわけにはいきません。そこにはもう子どもはいないのですから。

「歌っているのは誰だろうね？」「お月さま」「お星さま」。子どもたちなりにいろいろと考えます。結論など出なくてよい。歌の主体が変わったことを認識することで、教えなくても１番とは歌い方を変えるでしょう。歌には主体があり、それによって表現が変わることを知るのです。

作曲の草川信（明治26年〜昭和23年）は『どこかで春が』『汽車ポッポ』等の童謡で知られています。この曲は親しみやすいヨナヌキ音階によっており大人にとってはノスタルジアを感じさせる要素の一つです。子どもにとっても、わらべうたに通じる自然さを無意識のうちに感じ取るでしょう。「日本音楽を教えなくては」などと大げさに構えなくても、こういうさりげないところに日本固有の音楽はちゃんと息づいているのです。また８分音符中心の小節が３小節で、４小節目に付点４分音符で終止、８分休符でブレスというリズム構造がカッチリと守られながら、第３節の最初に唯一の付点音符によって最高音が導かれるという山場の設計が巧みです。

最初の〈ゆうやけ〉を長音として扱うかどうかは判断の難しいところです。会話のような発音で自然に歌えば〈ゆーやけ〉となるでしょう。この場合、同音によって作曲されているので**譜例1**のように４分音符として歌われると思います。本来は「う」の音でピッチが上がるので「う」をちゃんと発音するべき箇所かとも思われますが、同音で作曲されたことで第２節の〈やーまの〉とリズムが統一されます。やはり１番は４分音符のように扱ってよいのではないでしょうか。

この景色
なくなったなあ……

第2学年

虫のこえ

文部省唱歌

♩=80
1．あ れ ま つ む し が な い て い る
2．キ リ キ リ キ リキ リ こ お ろ ぎ や
チン チロ チン チロ チン チロ リン あ れ す ず む し も
ガチャガチャガチャガチャ くつ わむ し あ と か ら う まお い
な き だ し た リン リン リン リン リ ーン リン
お い つ い て チョンチョンチョンチョン ス イッ チョン
あ き の よ な が を な き と お す
ああ お も し ろ い む し の こ え

明治43年（1910年）発行の『尋常小学読本唱歌』に発表されて以来、戦時の一時期を除き、その時々の子どもたちに愛され歌い継がれてきた名歌です。子どもが自分自身の言葉として歌える感情移入のしやすさと、虫の声を模した擬声語の楽しさはほかの曲に差し替えられない独自の魅力を放っています。

あれ？

歌詞に難しさはありませんが一番の〈あれ〉は確認しておく必要があるでしょう。現代の子どもたちにとっては「あれ、これ、それ」という指示代名詞か「あれ？」という疑問かどちらかですが、この〈あれ〉は感嘆詞で「おや」や「まあ」のような意味と理解してよいでしょう。感嘆・驚きの「あら」が語感も同じなのでわかりやすいでしょうか。

虫は好き？

虫が嫌いな子、いますね。好きになるには……。友だちにしてしまうのが1番でしょう。

本物の虫たちの写真や鳴き声を聞いて（インターネットで簡単に本物の鳴き声を聞くことができます）「へぇ、こういうのか」と理解したあとで、「さあ、ここにまつ虫君がいたら友だちになれるね。名前をつけようか？」と、それぞれに名前を考えさせて、どんな子か絵を描かせてみます。名前で圧倒的に多いのは「まっちゃん」……まあ、そうだろうな。絵の中にはリボンを付けた女の子のまつ虫が現われたり……。名前をつけて絵に描いてしまうと、イメージの中ではもう友だちです。

ここで教室を野外に変えます！　教卓や後ろの用具入れなどを草むらに見立てて「まっちゃんは前の草むらに、すず虫君は後ろの草むらにいるよ。さあ、声に耳を澄ますように歌ってみよう」。虫の種類によって鳴いている場所を変えるように設定すると、本当に夜の草むらで虫たちの声に囲まれているような面白さを味わえます※ 5。

【※5】　2番の第1節は発表時には〈キリキリキリキリ きりぎりす〉でしたが昭和7年発行の『新訂尋常小学唱歌』で〈こおろぎや〉に改められ今日に至っています

教科書には強弱指定はありませんが、擬声語の部分には弱音が指定されています。その部分で耳に手を当てて歌うだけで子どもたちは強弱変化を自然に実現してしまいます。２番の〈ガチャガチャガチャガチャ くつわ虫〉は事実上 16 分音符として歌われますので、速度が急変したような面白さがあります※ 6。

【※6】　私は子どもの頃この部分が大好きで、ここに来ると幼稚園児のようなガチャガチャ大声で歌っていました。指定は弱音ですが、くつわ虫のガチャガチャ声を表現するには許されるでしょうか。それもよいでしょう。でも声をひそめてガチャガチャ鳴くのも楽しいですよ

『夕やけこやけ』（→ p.20-21 ）を歌うことで夕やけの美しさを認識するように、『虫のこえ』を歌うことで草むらから聞こえてくるさまざまな音を虫の声であると認識し、虫の種類に興味を持たせるという教育的意図が明確な曲ですが、都会に住む子にとっては現実感が薄いかもしれません。しかし、だからこそ知っておきたい。ビルの谷間のほんの小さな植え込みの中からも虫たちの声がすることに気づくことは、大きな心の財産となるはずですから。そして、くつわ虫のガチャガチャ声を聞いてみたいと思ってくれたら、やがて本当に聞くことができた日に友だちに出会ったような喜びと「わぁ、本当にガチャガチャだ！」という驚きが待っていてくれます。

みんな
まっちゃん

この曲の作曲者は不明ですが素晴らしい作曲です。詩の第１節に４小節をあてながら擬声語の部分を２小節としたことは天才的ひらめきですね。前半６小節が反復されることも“反復を好む”小さい子どもたちの気持ちに添います。

前半 12 小節は第４音・第７音のないヨナヌキ音階により、後半では♪ドーシラソーと前半で用いられなかった第７音が強調的に用いられることで、虫の世界（前半）と人間の世界（後半）が、くっきりと描き分けられていることは特筆するべきでしょう。

第2学年

春がきた

文部省唱歌
高野辰之（たかのたつゆき） 作詞・岡野貞一（おかのていいち） 作曲

A
A
C
1. は る が き た　は る が き た　ど こ に き た
2. は な が さ く　は な が さ く　ど こ に さ く
3. と り が な く　と り が な く　ど こ で な く
B（4度）
B（6度）
C
や ま に き た　さ と に き た　の に も き た
や ま に さ く　さ と に さ く　の に も さ く
や ま で な く　さ と で な く　の で も な く

この歌は明治43年（1910年）発行の『尋常小学読本唱歌』で発表されましたから、ちょうど1世紀を生きたことになります。明治43年は日韓併合の年でもあり、当時の曲たちを見ると国策的内容の曲が多いのも事実ですが、それらの中にあってきらめくような光を放っていた純粋に音楽的な幾つかの歌たちは、今日までその命を絶やすことなく歌われ続けてきました。100年の時を超えて愛されてきた魅力をくみ上げて、しっかりと次代へ歌い継いでいきたいものです。

詩と音楽の一致

詩を読んでみると、その構成美に驚かされます。［3節×2］、各節はすべて5文字に揃えられるという単純な構造でありながら、全6節がすべて同じ言葉で終わる！　かつ、同じ言葉でありながら発見と問いかけ、問いを受けての新たな発見と確信に満ちた答えまでが表現されている。作詞者・高野辰之（明治9年～昭和22年）のとてつもない創造力に驚くばかりです。この素晴らしい詩に作曲者・岡野貞一（明治10年～昭和16年）は、きわめて論理的でありながら自然で美しい旋律を与えました。その構造を見てみましょう。

動機処理の理想形

岡野は詩の各節を1小節に収め、2回の終止で延ばす音を加えるという形で［4小節×2］という安定した構造を与えました。反復される最

譜例１

どこにきた

初の２節に同じリズムと同じ音程を与えることで、曲の性格を明らかにして印象づけています。１小節目では２度上行だった３～４拍目が、２小節目では４度跳躍となる心の高まりが〈どこにきた〉と問いかけたい気持ちを引き出しています（**楽譜のＡ**）。それまで４分音符だった〈きた〉が３小節目で付点音符になるのも心のワクワク感の表れでしょう。試みに付点をなくして４分音符で歌ってみると（**譜例１**）……ね、だめでしょ？

譜例２

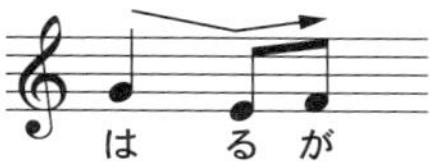
はるが

やまに

さらに素晴らしいのは後半。前半４小節と全く同じリズムを用いることで覚えやすさと統一感を与えながら、音の動きは逆になっているのです（**譜例２**）。問いかけに対する答え。あそこにもここにも春が！　という発見の嬉しさ。さらに旋律の跳躍がしだいに広くなることで心がどんどん高まっていることが表現されています（**楽譜のＢ**）。

前半最後の〈きた〉が２度上行の半終止で問いかけを、最後の〈きた〉が４度上行の完全終止（半終止、完全終止 → p.93 ）により答えを表していることが自然に感じ取れるでしょう（**楽譜のＣ**）。

感じる３段階

１番が「春」、２番が「花」、３番が「鳥」。何気ないような３つですが、実は感じ取る感覚器官は違っています。「春」を感じるのは日差しであったり暖かさであったり心のうきうきであったり、雰囲気といったものかもしれません。２番の「花」は視覚もしくは嗅覚ですね。３番の「鳥」は聴覚でしょう。その違いを感じ取り表現できたら素晴らしいですね。

そしてこの曲が持っている“問いかけと答え”という構造からは、共通事項で提示された“問いと答え”という要素を自然に感じることができるかもしれません。

発声への導入

現在は２年生で扱うこの曲は、当初は３年生の教材とされていました。確かに旋律はヨナヌキではなく音域も広く跳躍も多く難度が一段あがっています。元気なだけの歌声では、高いミの音を美しく歌うことはできません。しかし『かくれんぼ』『虫のこえ』の弱音表現、『夕やけこやけ』の２番など“丁寧に発声しやわらかく歌う”ことは経験してきています。これを踏み台として「低学年を卒業し中学年に向かう歌声」に挑んでみたいですね。「上手になる」を合言葉として。

春だね♥

コラム 2

2年生は表現へ

『かくれんぼ』『虫のこえ』『夕やけこやけ』そして『春がきた』。2年生で学習する４曲は、いずれも「音楽によって何かを表現する」ことへの導入という課題を有しているように思われます。『かくれんぼ』は、わらべうたである『ひらいたひらいた』と遊びうたとしての性格を共有し、ともに日本の音階によっていることで日本音楽に対する共通のイメージを持たせうるでしょう。実際に遊びながら歌う『ひらいたひらいた』から、遊びながらではなく「遊んでいるようすを表現する」という大きな一歩が踏み出されています。

『虫のこえ』も現実に虫の声を聞いているわけではなく「虫の声を表現」「聞いているようすを表現」し、さらに「虫の声を聞いた人の感動を表現」します。

昼間の教室で『夕やけこやけ』を歌いながら夕方の情景を表現する。子どもが帰ったあとの夜の風景を“誰かの”視点で表現する。これらはまさに学習指導要領で示された目標と内容そのものですが、２年生に求められるとはなんと高度なことでしょう。

これらの表現は現実の感覚や感情ではなく仮想表現、つまり〔演技〕です。演技の“演”は演奏の“演”。そうか、演奏とは演じ奏でることであったか。そしてこれは子どもにとって少しも難しいことではありません。なぜならこれは子どもが大好きな「ごっこ遊び」そのものですから。消しゴムを自動車に、鉛筆を列車に見立てて遊べるのが子ども。「かくれんぼをしているごっこ」「虫の声を聞いているごっこ」。どれも子どもたちは楽しく遊んでいる感覚でなんなく表現してしまうでしょう。何かを表現する意図を持って歌えば、ただ大きな声を出すだけよりも何倍も楽しい。そこに大きな集中力が働くからです。そして表現する意図があるときに、目的にふさわしくない声は出せない。大きな声を出すことが楽しいだけなら小さな声で歌うことはつまらない行為になってしまいますが、『かくれんぼ』のように小さい声を出すことに「友だちがだんだん遠くに行く」という表現の目的があるとき、それはとても面白いはずなのです。

『春がきた』は課題が一歩先に進んでいます。ここで求められているのは具体的な情景の描写・表現ではなく「気づき・問いかけ・答える」という自らの心の動きです。心を表現するためには自らの心の動きをしっかりと見つめることが不可欠です。「心が何かを感じる、そこから生じる大きく複雑な感情」が“情操”でしょう。音楽がなぜ情操教育といわれるのか、自らの心を感じ、見つめ、表現するという音楽の活動が情操そのものであるからでしょう。文字で書いたら「子どもにできるはずがない！」と思われるこれらのことが「ごっこ遊び」によって、「歌であること」によってできてしまう。心の教育がさけばれる今、音楽にできること、音楽だからできることの大きさをしっかり受け取りたいと思います。

ランドセルを背負って
飛んだなあ……

第３学年　春の小川

文部省唱歌

高野辰之（たかの たつゆき）　作詞・岡野貞一（おかの ていいち）　作曲

♩=104
A
1. は ー る の お が わ は さ ら さ ら い く よ
A′
き ー し の す み れ や れ ん げ の は な に
B
す ー が た や さ し く い ろ う つ く し く
A′
さ ー け よ さ け よ と さ さ や き な が ら

一、春の小川は　さらさら行くよ
　　きしのすみれや　れんげの花に
　　すがたやさしく　色うつくしく
　　さけよさけよと　ささやきながら

二、春の小川は　さらさら行くよ
　　えびやめだかや　小ぶなのむれに
　　きょうも一日　ひなたでおよぎ
　　あそべあそべと　ささやきながら

大正元年（1912年）『尋常小学唱歌』第４学年用としてつくられたこの曲は、昭和17年（1942年）から第３学年用となり今日に至っています。歌詞の一部が文語体から口語体に改められ、３番が削除される等の改変を経ながらも、１世紀を子どもたちとともに生きてきた歌。子どもたちが思い描く小川の情景は時代とともに変化し、すでに身近なものではなくなっているかもしれません。しかし、だからこそ歌い継ぎたいですし、ビオトープ等の環境教育とリンクさせていくことで現代ならではの新たな価値を見いだしえるのではないかと思います。

高度な単純さ

楽譜を一見すればここには４分音符と４分休符しかないことに気づきます。構造的にはＡＡ’ＢＡ’というがっちりした二部形式ですが、各４小節からなるＡとＡ’は３小節目まで全く同じで、異なるのは４小節目のみという驚くべき単純さ。これほど単純でありながら“単純でつま

譜例１

a.
b.
c.
d.
はるの
はるの
はるのおがわは
はーるの

らない曲”になっていないのは『日のまる』（→ p.8-9）で最高度の単純さを実現させた高野辰之、岡野貞一のコンビならではでしょう。一見単純な曲の中に多くの工夫が隠されています。

詩と音楽の一体感

高野の詩は［（７文字＋７文字）×４行］とリズムが整えられていますが、よく見ると［７文字＋７文字］のほとんどが［３文字＋４文字］と［４文字＋３文字］の組み合わせでそろえられています。４分音符のみという制約のなかで［３文字＋４文字］のリズムを音符化すると、**譜例１のａ**のように１小節目に休符が必要となるためフレーズが切れてしまい、**ｂ・ｃ**だとシンコペーション（→ p.89）的になって歌いにくくなります。岡野は１～２拍をスラーにすることで３文字を４拍として作曲しました（**楽譜の☆**）。これにより４行それぞれが**譜例１のｄ**のリズムを内在することとなり、エネルギーと感情の込もった歌いだしが可能となっているのです。これをつかませるために「はぁるの」ではなく〈はーるの〉と意識して歌うことが重要ですね。

なんという優しさ

ＡとＡ’はファ・シのない“ヨナヌキ”音階になっていますが、Ｂでは下行音型の中にシが現れます（**楽譜の★**）。情景を歌うＡＡ’に対し、Ｂでは花々や小魚たちに語りかける“小川の気持ち”が歌われています。跳躍進行が多いＡＡ’に対し、順次進行中心のＢ。下行順次進行で現れるシは、小川の優しさの象徴かもしれません。さらに子どもたちが歌いやすいように、Ａ’の最後で歌ったレミドと同じレミの音程からＢが始まるという作曲者の配慮……。この曲は優しさのかたまりですね。

そう、この曲は小川を歌ってはいますが実は保護者の、先生の、子どもたちへの愛の歌なのでしょう。小川（保護者）は花たちや小魚たち（子どもたち）を優しさでつつみながら「きれいに咲きなさいね、元気に遊びなさいね」と温かく見守っている。そう思いながら歌うと涙がこらえきれませんが、子どもたちには説明しにくいか……。

大きくなれよー

いえ、たとえばウサギや鶏、ビオトープの魚や花壇の花々に、子どもたちは同じ気持ちを抱いているはずです。その気持ちを思い出しながら歌うことで子どもたちは小川の優しさを思うことができるにちがいありません。

第3学年

茶つみ

文部省唱歌

手遊びの手の打ち方
○…自分で、●…相手と（左右交互に）、△…相手と両手を合わせる

♩=104
手遊びのとき
1．な つ も ち か づ く は ちじゅ う は ち や （トン
トン） の に も や ま に も わ か ば が し げ る
以下同様
あ れ に み え る は ちゃ つ み じゃ な い か
あ か ね だ す き に す げ の か さ

一、夏も近づく　八十八夜
野にも山にも　わかばがしげる
あれに見えるは　茶つみじゃないか
あかねだすきに　すげのかさ

二、ひよりつづきの　きょうこのごろを
心のどかに　つみつつ歌う
つめよつめつめ　つまねばならぬ
つまにゃ日本（にほん）の茶にならぬ

譜例１

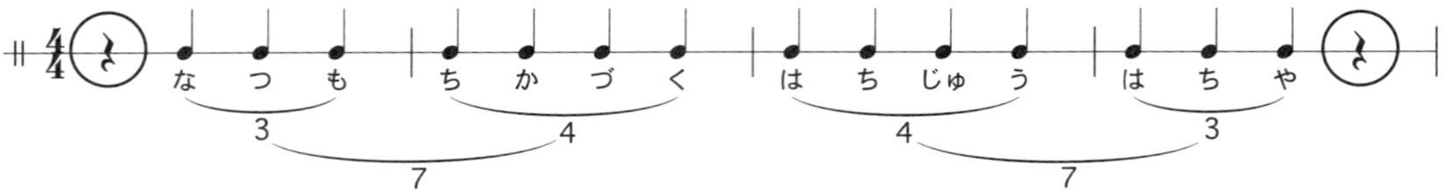
な つ も ち か づ く は ち じゅ う は ち や
3
4
7
4
3
7

相手と手を打ち合わせながら歌う“手遊びうた”としても親しまれています。旋律は第４音と第７音を持たない“ヨナヌキ”の旋法によっていて歌いやすく、Ａ・Ｂ／Ａ・Ｃという明快な二部形式で各部分のリズムも終止部を除き同じ形に統一されています。単純さと歌いやすさを追究しただけのように見えますが、４つの部分すべて１拍目が休符で２拍目から歌いだすようになっており、これをきちんと歌うためには「拍の流れを感じ、それに乗って歌う」ということが求められますので、それ

を学ぶためには最適の教材といえるでしょう。そのためにも拍を手でたたく手遊びは有効ですね。

都々逸？

なぜ1拍目が休符になっているのでしょうか。歌詞を見てみましょう。［7文字＋7文字］が3行、最終行だけが［7文字＋5文字］です。このうち［7文字＋7文字］に注目すると全部が［3文字＋4文字］と［4文字＋3文字］の組み合わせになっていますね。

せっせっせ　といっても
いろいろあるんだな……

これは甚句（じんく）、都々逸（どどいつ）、多くの民謡等に見られるもので、甚句、都々逸では7（3＋4）・7（4＋3）・7（3＋4）・5が基本となります（都々逸では5から始まる五字冠りというスタイルもありますが）。これを4拍子に当てはめて音読してみると、4小節単位で最初と最後に1拍の休符が入る形となることがわかります（**譜例1**）。1拍目が休符という独特の“ため”が日本語の語感にフィットするのでしょうか。俗に七五調と呼ばれるリズム感の源泉です。あれ、このリズムは見たような……。

『春の小川』の発展形

はい、『春の小川』の詩がまさにこのリズムでした。『春の小川』(→ p.28-29) では1拍目を休符にしないための工夫がされていましたが、『茶つみ』では詩の持つリズムそのままに1拍目に休符が置かれていますので、声を出していない部分に強拍があることを感じなければなりません。また拍を感じながら歌うことで、4文字の小節に現れる付点4分音符と8分音符の関係をしっかりとつかむことができる。さらに『春の小川』は“低い主音から1オクターヴ上の主音まで”を音域とし、『茶つみ』は“主音を中心として上下属音間”を音域とするタイプの違う旋律であること等、『茶つみ』は『春の小川』が慎重に避けたさまざまな要素を盛り込んだ発展形であるといえるでしょう（主音、属音 → p.90 ）。

トントンのあとは相手と

手遊びのやり方は地域によってさまざまですが、拍を感じるための教材として実施する場合には一点注意事項があります。動きの基本は二人一組で向かい合って手を打ち合わせるもので、強拍（1・3拍）では自分の手を打ち、弱拍（2・4拍）では左右交互に相手と手を合わせます。4小節ごとに最後の休符と次の頭の休符で「トントン」と言いながら相手と両手を合わせるのですが、この、「トントン」のあと5小節目の2拍目で自分の手を打つことから始める人が多く、そうなると強拍と弱拍が裏返しになってしまいます。ただの手遊びならばかまいませんが、拍（拍子）に乗る練習としてやる場合には注意したいですね。

第3学年

うさぎ

日本古謡

う さ ぎ う さ ぎ な に み て は ね る
じゅ う ご や お つ き さ ま み て は ー ー ね る

【※7 俗楽】 雅楽・能楽等、宮中で演奏される音楽に対し、三味線うた・民謡等、民間で演奏される音楽をさす

明治25年発行の『小学唱歌』第二巻に取りあげられた曲で、江戸時代から伝えられてきたわらべうたです。もともと「俗楽※7」の教材として採用されたというだけあって、日本の音階ならではの雰囲気に満ちた魅力的な教材ですが、今の子どもたちにとっては日本の音階自体が親しみやすいものとはいえないかもしれません。だからこそ魅力を伝えたいですが、どうやって……。試みにこの曲を発声、ソルフェージュの教材として扱うことから魅力に迫ってみたいと思います。

富澤流3原則

日本の伝統的な音楽では、それにふさわしい発声が考えられるべき。この考え方の正しさを認めた上で、あえて西洋音楽的な美しい発声を求めてみたいと思います。“魅力を感じるためには楽しいと思えなければならない”“楽しさを感じるためには集中していなければならない”“集中するためには課題を明確にし、達成意欲を持って臨まねばならない”。これは課題と向き合うときの富澤流3原則、教材が何であれ絶対に必要なことです。これは“わらべうた”なんだから発声など気にせずに普通に歌えばいい、としてしまうと3原則を成立させることが難しくなってしまう。むしろこの曲だからこそ3原則にこだわってみたいと思うのです。日本音楽にふさわしい発声を求めるのは、魅力を知り好きになったあとでよいのではないかと……。はい、あくまでも“富澤流”ですが。

声の焦点

「太陽の光を虫眼鏡で集めると紙を燃やす力が出るね。声も一緒。1か所に集まった声は、聞いている人の胸を熱くさせるよ」。

人の声は指向性が弱く前後左右に広がります。この声を1か所に集め

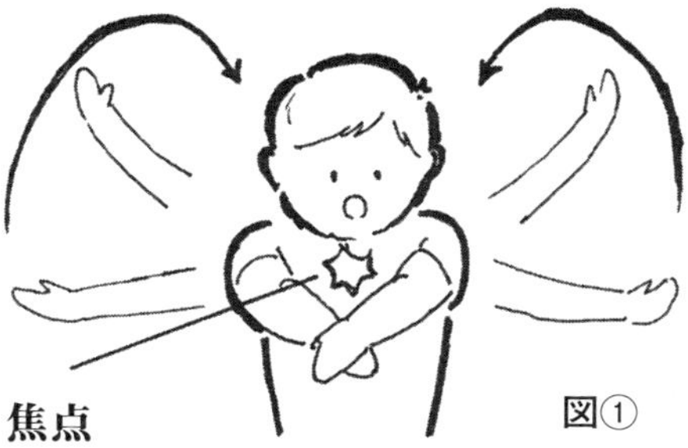
焦点

図①

てみましょう。旋律と歌詞を覚えるために何回か歌ってみます。覚えたら「最初の〈う〉の音をきれいに出そう」。まっすぐに立ち、しっかり前を見ながらクロールの練習をするようにゆっくり手を動かして左右に響いている声を顔の正面に集めます（**図①参照**）。このときに先生がやってみせる見本が大切です。わざと美しくない声（会話のような声）から始めて左右の手が正面にそろったときに声がきれいになっている（母音を響かせる）ようすを演じて見せます。“何をすればよいのか課題を明確に示す”のです。〈う〉の音は響く母音をつくりやすく子どもたちの声が一番きれいに響く音です。先生のようにやろう、という子どもの意志が声を変えます。少しでも音に変化があったら“やる前とやったあとを意図的に歌い分けて”みましょう。自分の声がきれいになっていることを実感させるのです。

音程の階段

焦点のそろった〈う〉が出せてから〈うさぎ〉を歌ってみると……〈ぎ〉で音程が上がったとき焦点位置が動いてしまいます。音を上に上げよう、とするために焦点位置まで上に動いてしまう。そのために〈ぎ〉の音が、あごが上がったような平たい声になる。そこで、焦点の位置を変えずに歌うために音程の階段を上がることにします。

階段を上がるとき、足は“最初の段にいるうちに次の段の上まであげ”“上から下ろす”ことで次の段に上がります。上げるのではなく下ろすのです。

う
さ
ぎ

図②

ではゆっくりと練習します（**図②参照**）。両手を前に、焦点のそろった〈う〉を歌う。〈さ〉を歌うときに左手で焦点位置をキープしながら右手を、クロールで水をかくようなイメージで後頭部を通して高く上げる。上がった手を左手がキープしている焦点位置に着地させるように〈ぎ〉を歌う（右手を後頭部に高くかざすことで、あごが上がることを防ぎ、同時に無意識のうちに軟口蓋が準備されます※8）。

【※8 軟口蓋（なんこうがい）】 上あご奥の柔らかい部分。発声の際に、軟口蓋を上に引き上げるようなイメージをもたせる

動作をつけて1音1音を丁寧に歌うために、練習の段階ではゆっくりしたテンポがよいでしょう。これも焦点がずれた状態とそろった状態を歌い分けてみましょう。うまくなっている自分を発見できます。

発声と音程に徹底的にこだわることで3原則が成立しています。このような高い集中力で歌ったとき「この歌きれい」「おもしろい」と感じることができる。もう大好きな曲ですよ。

第3学年 ふじ山

文部省唱歌
巌谷小波（いわやさざなみ） 作詞

A
♩=96
たーん
たーん
1. あ た ま を く も ー の う え に だ ー し
2. あ お ぞ ら た か ー く そ び え た ー ち
B
たん
たん
たーん
し ほ う の や ー ま を み お ろ ー し ー て
か ら だ に ゆ ー き の き も の ー き ー て
A
か み な り さ ー ま ー を し た に き く
か す み の す ー そ ー を と お く ひ く
C
ふ じ は に ーっ ぽ ん い ち の や ま

譜例１

あ た ま を く も ー の う え に だ ー し

明治43年発行の『尋常小学読本唱歌』で発表された文部省唱歌の１曲。巌谷小波（明治３年～昭和８年）の詩から喚起される映像は、現在の私たちにとっても富士山のイメージそのままで、 その詩に付された音楽は、詩のイメージそのままに雄大さと感動に満ち、気持ちよく声を出せる歌いやすい旋律です。「のびのびと声を出して」「情景を歌いあげ」「その情景から得た感動を表現する」。歌うということに対する積極的な姿勢こそがこの曲で学びたいことかもしれません。

リズムの魅力

明治期の唱歌に見られる大きな特徴の一つに「旋律の反復が少ない」という点が挙げられますが、この曲も４小節の楽節が４つ、という整った構造でありながら、ＡＡＢＡといったような西洋音楽の楽式構造に当てはまりません。同じ旋律がくり返されることがないので16小節の長い旋律として覚えなくてはならないのですが、覚えにくさ・歌いにくさは全く感じないでしょう。それは音程ではなく規則性のあるリズムによってがっちりと構成されているからです。

重みのある拍

この曲のリズムでまず目につくのは歌いだしの付点４分音符です。『かたつむり』（→ p.10-11 ）や『かくれんぼ』（→ p.18-19 ）に見るように付点８分音符と 16 分音符による付点の音型は拍の動きを弾ませリズムを強調するのに対し、付点４分音符と８分音符による付点の音型は２拍目を１拍目の中に吸収してしまうので躍動感のようなものは生まれにくく、その代わりに一つの音符の中に２拍分のエネルギーを蓄えた「音の重み」のようなものが生まれます。拍を弾ませ動きを与える付点音型と、旋律に重みとエネルギーを与える付点音型。この２つの付点音型は高学年の教材の中にどんどん現れてきます。３年生で身につけた要素がその後の学習の基礎となり、それは歌唱のみならず鑑賞や創作のヒントとしても生かされていく。共通事項とはこのようなものなのではないでしょうか。

読譜力の基礎

子どもたちは学年が進むにつれていろいろなリズムを習得していきます。それは正確に歌えたり、たたけたり、というだけのものではなく、そのリズムが表現しようとしているものを感じ取ることにつながらねばなりません。試みに付点４分音符を全部４分音符にして歌ってみると、なんとつまらない曲でしょう（**譜例１**）。このつまらない楽譜を歌い、正しい楽譜と歌いくらべてみると、その違いははっきりとわかります。付点音符であることにどのような意味があるのかが理解されるでしょう。

しかも“楽譜を見て”歌うことによって視覚的理解と音楽的理解を結びつける。これが読譜力となるのです。

リズムによる構成

『ふじ山』では付点４分音符が全曲の構成の要となっています。楽譜に示したように「たーん・たーん・たんたん・たーん」というリズムで付点４分音符が現れます。これは「どーん・どーん・かっかっかっ」という太鼓のリズムと同じで、日本人がとても乗りやすいリズムです。後半も「たーん・たーん」と続き、また「たんたん・たーん」がくるのかな、と思っているところへ、意表をついて付点４分音符よりも長い２分音符により富士山の名が呼ばれる。歌う人の心理を〈ふじは日本一の山〉という言葉に向けぐんぐん高めていくように計算されてつくられているのですね。そしてリズム構造を西洋の楽式に当てはめればＡＢＡＣ（**楽譜のＡＢＣ**）という二部形式にまとめられているので、旋律の反復はなくても構成を感じられるのです。

Brü - der!
Brü - der

ベートーヴェンの第九
兄弟よ（Brüder）
の呼びかけは
付点だからあんなに重いんだ…

コラム 3

3年生は発見

音楽作品はどれも何らかのものを表現しようとしてつくられています。何を表現したいのかを最も具体的に示してくれるのは歌詞で、そこに「強弱」をはじめとするさまざまな記号が添えられて、どのような表現を求めているのかを示します。記号は、楽曲を理解し、その求めるものを実現するためには不可欠のものですが、中学年までの教科書では記号が省かれていますので、その部分は先生から子どもたちへ伝えられることになります。これはとても良いことではないでしょうか。単に記号を覚えただけでは「*f* は強い。*p* は弱い」になってしまいがちですが「音の大きさが変わることで何かを表現しているのだ」という本質の部分を先に学んでからその表記法を習う。まず会話を経験し、そののち文法用語を学ぶという学習法と一緒ですね。共通事項に関して、学習指導要領に「用語について，音楽活動を通して理解すること」と示されていることの意味するところでしょう。

『春の小川』と『ふじ山』がどちらも３年生であることは目のつけどころではないかと思います。２曲を比較すると、どちらも「ハ長調」「４拍子」「16 小節」「速度は♩＝ 100 前後でほぼ同じ」「歌いだしは *mf*」。意外にも、これほど性格の違う２曲がほとんど同じ外観をしているのです。本文中でもふれましたが『ふじ山』から付点音符をなくし４分音符として歌ってみると、この曲の持つ力強さが全くなくなってしまうことに気づきます。今度は『春の小川』を『ふじ山』のように付点音符をつけて歌ってみると、曲本来の「やわらかさ、温かさ」といったものがなくなってしまうことがわかるでしょう。リズムによって音楽が表現するものがこれほどまでに変わってしまう、ということを実際に歌い分けて経験すれば「リズムが音楽を構成する重要な要素であること」を単なる知識としてではなく生きた感覚として理解できるでしょう。

学習は鑑賞や音楽づくりにまで広がります。「カッコいい曲だな」

と感じたとき、そこに付点音符が生きていることに気がつけたら素晴らしいですね。仮に４分音符・８分音符等数種の音符カードを組み合わせてリズム創作を実施するとします。カードを選ぶ根拠を持たなければ単なる偶然に期待するだけの作業となり、それは音楽づくりとはいえず面白さも感じられないでしょう。しかしリズムにより何かが表現できることを知れば「落ち着いた感じにしたい」子は４分音符を中心に、「元気な感じにしたい」子は付点音符を多く使う等の“意思のある選択”を行うことができます。これは立派な音楽づくりであり、その過程で集中力が使われますので、真剣になる面白さ、夢中でやる楽しさを感じることができるでしょう。

さらに学習が進み、より多くの曲を学ぶ中で「付点音符によって表現できるものが元気のよさだけではない」ということにも気がついていきます。リズムの面白さに気づくことが発見への窓口となる。共通事項とはまさにこのようなものなのではないか、と思います。

先生
これないよ
よくみつけたね
これは
つながったんだ

第4学年

さくらさくら

日本古謡

さ く ら さ く ら の や ま も さ とー も
み わ た す か ぎー り か す み か く もー か
あ さ ひ に に おー う さ く ら さ く ら
は な ざー か り

知らぬ人のない日本古謡の代表曲です。はじめに楽曲分析的解説を一点。最初の2小節でラシという音程が2回歌われます。シの音が先へ続かないような停滞感は3回目にラシドと最高音ドに到達することで解決します。3小節目がはじめの2小節の継続であることを意識できるとフレーズが大きくなり、音楽がぐんと豊かになります。

それでは私がこの曲を歌うときに活用している“わざ”をご紹介しましょう。歌唱実技を文字だけで説明することは難しいので図を参照していただき、イメージを膨らませて動作をつけて歌ってみてください。

とっておきの技：拡大コピー

会話時の日本語は大変速度が速く、メトロノームに換算すれば♩＝120以上で、すべて16分音符のようにしゃべられます。「さくら」としゃべったときの「さ」は480という速度になるわけです。この曲を歌うときの〈さ〉は約80。なんと6倍もゆっくりとしゃべることになるわけです。子どもたちは待ちきれず〈さー・くー・らー〉と言葉が細切れになりやすい。これを解消させるのが“拡大コピー”です。実施方法をご説明しましょう。

①**図1**の**A**および**C**のように手でフレームをつくり、しゃべる速度で〈さくら〉と発音する。
②歌う速度でしゃべらせると**B**のように細切れになりやすい。
③**D**のように、しゃべりながらフレームを大きく引き伸ばすことで、ゆっくりしゃべっても不自然に感じないようになる。

これはテンポの遅いあらゆる曲に有効です。譜例上の“拡大コピー”記号からわかるように、フレーズを把握させる効果もあります。

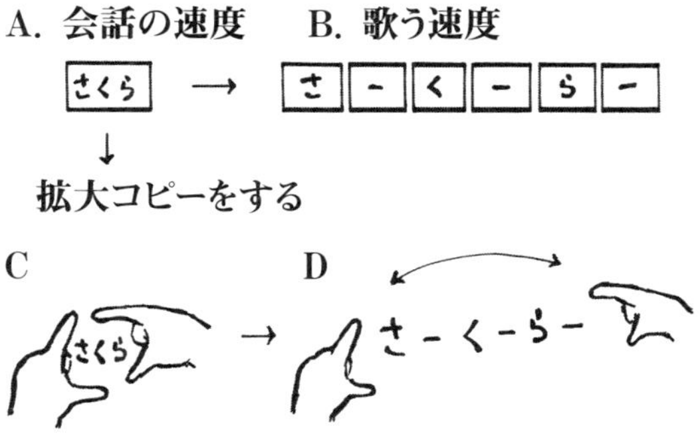

A. 会話の速度
B. 歌う速度
さくら
さ ー く ー ら ー
拡大コピーをする
C
D
さくら
さーくーらー

図1　発音しながら広げてゆく

とっておきの技：胸の前の玉

握手をしたとき、自分と相手との間には1メートルくらいの空気の玉があります（**図2**）。この空気の玉の中にお互いの声と気持ちが入ることで2人の会話が成立する。“相手の目を見て話せ”というのは“空気の玉をつくれ”ということだと私は考えています。人が何かに注意を向けたときには、対象との間に空気の玉ができます。普段意識していないだけで、この玉は指揮者とメンバー、先生と子どもたちの間に常に存在しているはずのものなのです。

桜を美しいと思って見る人は、桜と自分の胸の間に大きな空気の玉をつくるでしょう。試みに玉をつくらず眼球だけで視線を対象に向けてみてください。対象に対する思いは生まれてこないでしょう。

“拡大コピー”で手を広げた空間が、ずばり胸の前の空間。その空間を桜と結んだとき、「桜に対し思いを込めて歌いかける」ということが体感できると思います。うまくできたら、わざと玉をつくらずに歌ってみてください。玉をつくったときとの違いが実感できるでしょう。そしてこの玉の中心に『うさぎ』（→ p.32-33）で身につけた「声の焦点」位置があるのです。

なんとなく聞き覚えている曲だからこそ、しっかりと学ばなければなんとなく歌ってしまいます。「ああ、この歌はこんなにすてきな歌だったんだ」そんな発見の喜びと感動を教えてあげたいですね。

図2

空気の玉

第4学年

とんび

葛原（くずはら）しげる　作詞・梁田（やなだ）貞（ただし）　作曲

1. と　べ と ー べ ー とん　び　そ　ら た ー か ー く
2. と　ぶ と ー ぶ ー とん　び　そ　ら た ー か ー く
な　け な ー け ー とん　び　あ　お ぞ ー ら ー　に
な　く な ー く ー とん　び　あ　お ぞ ー ら ー　に
ピン　ヨロー　ピン　ヨロー　ピン　ヨロー　ピン　ヨロー
た　の し ー げ ー　に　わ　を か ー い ー　て

大正時代は、鈴木三重吉創刊の児童文芸雑誌『赤い鳥』にはじまる童謡運動が花開き、弘田竜太郎、中山晋平らの手により今日にまで歌い継がれる多くの名曲が生まれた時代でした。『城ヶ島の雨』の作曲者として知られる梁田貞（明治18年～昭和34年）も『どんぐりころころ』等の優れた童謡を作曲しており、大正8年（1919年）に発表された『とんび』は代表作とよびえる名曲です。

気持ちいい！

この曲のどこが名曲か……いや、理屈はいりません。歌った子どもたちがみんなこの歌が大好きになる、という事実をもって証明されるでしょう。なぜ好かれるか、といえば“のびのびと声を出して、気持ちよく歌える旋律”であることが最大の理由かと思いますが、ピンヨローという擬声語の面白さに加え、鳴き声が強弱表現を伴うことも重要なポイントです。音楽的表現は速度の変化（アゴーギク）、強弱の変化（デュナーミク）、フレーズの表現（アーティキュレーション）等によって実現されますが、子どもたちがもっともストレートに反応するのが強弱表現です。演奏に強弱をつけようとすることで、演奏することに意識を集中させられるのも「歌っていて面白い」と感じさせる重要なポイントでしょう。

ヨナヌキ

旋律が第４音ファと第７音シを持たないヨナヌキであることも歌いやすさの大きな要素です。ヨナヌキはＤＮＡの中にひそむ日本人の感性を刺激すると同時に『夕やけこやけ』(→ p.20-21)、『虫のこえ』(→ p.22-23) の前半等いくつもの曲によってその響きになじんでいるので、親しみやすく感じられるでしょう。

譜例１

とべとーべー

譜例２

と べとーべ とー んび

最低音から最高音へと駆け上がる旋律は、最低音に十分時間をかけることによって上昇するためのエネルギーを蓄積します。試みに最低音を８分音符にしてみると（**譜例１**）……なんと歌いにくい！　やはり１拍目はエネルギーを蓄積させる付点４分音符でなければならないのです。

さらに最高音に到達する前に〈ラソ〉とワンクッションを置き（**楽譜の★**）、属音ソを踏み切り板とすることで勢いをつけて最高音ドに到達できる。試みにワンクッションをはずしてみると（**譜例２**）……なんと歌いにくい！　やはり４拍目は〈ラソ〉でなければならないのです。

全曲はＡ（ａ - ａ’）Ｂ（ｂ - ａ”）という明確な二部形式で、ａ部分の開始は３回とも同じ旋律になっていることの覚えやすさ。作曲者の設計の緻密さには驚くばかりです。最高音ドには長い音符が当てられて気持ちよく声を延ばせる。しかも〈とーんび〉と、柔らかく響かせやすい“ｏ”の母音があてられ、擬声語部分ではピーンと響きを集めやすい“ｉ”の母音で〈ピンヨロー〉と歌われる。声づくりには最高の教材ですね※９。

【※９】 この効果を生かすために１拍目（楽譜の☆）は〈ピンー〉ではなく〈ピーン〉と発音するとよいかもしれません（ピンーと歌うときは、“ピ（母音ｉ）”を発音したまま舌を上げて上あごに触れさせると響きが“ン”に変わります。唇は“ピ”のままで閉じません）

葛原しげる（明治19年～昭和36年）の詩は１番と２番がほぼ同じで「飛べ」が「飛ぶ」に、「鳴け」が「鳴く」に変わるだけです。しかしよく見ると、１番の「飛べ」は命令形とも「さあ飛んでごらん」という願望を込めた呼びかけともとれますが、どちらも主体は自分。そして２番では「とんびが飛ぶ」。主体はとんびだといえるでしょう。２番では歌っている自分自身が大空を旋回しているような、そんな雄大な気持ちで歌える。気持ちいいです！　この歌は‼

きもちいいなあ～

第4学年

まきばの朝

文部省唱歌
船橋栄吉（ふなばしえいきち）　作曲

♩=132
mf
p
1. た だ ー い ち め ん に た ち ー こ め た の ま
2. も う ー お き だ し た こ や ー ご や の あ
3. い ま ー さ し の ぼ る ひ の ー か げ に ゆ
き ば の あ さ の き り ー の う み
た り に た か い ひ と ー の こ え
め か ら さ め た も り ー や や ま
ポ プ ラ な み ー き ー の う ー っ す り と く
き り に つ つ ー ま ー れ あ ち こ ち に う
あ か い ひ か ー り ー に そ め ら れ た と
ろ い そ こ か ら い さ ま し く か
ご く ひ つ じ の い く む れ の す
お い の ず え に ぼ く ど う の ふ
ね が な ー る な る カン カン と
ず が な ー る な る リン リン と
え が な ー る な る ピー ピー と

詩のモデルとなったのは福島県の牧場と伝えられますが、歌う子どもたちそれぞれが住む地域の自然、あるいは映像等を通して、歌われている牧場のイメージをはぐくんでほしいと思います。自分が“まきば”にいるかのような詩の世界への感情移入、そこにいる気持ちよさを、聴く人も感じられるような積極的表現。“自分が楽しむ歌”から“聴く人と喜びを共有する音楽”へ、大きな転換点となる曲といえるかもしれません。

『花』との接点

曲は今日では4分の4拍子で表記されていますが、発表当時は8分の4拍子でした。♪ =132と指定されていましたので、現在の4分の4拍子

【※10 単位音符】 拍子をとる際、1拍とする音符

とは１拍の単位音符の長さが倍になっただけで実質は変わりません※10。８分の４拍子という拍子を現在の小学校では教えていませんので、実態に合わせて変更されたのでしょう。実質が同じである以上楽譜から受ける視覚的印象は主観に過ぎませんが、８分の４拍子の譜面に並んだ16分音符から私は流れるようなリズムを感じます（**譜例1**）。作曲者・船橋栄吉（明治22年～昭和７年）は声楽家でもありましたので、ここにはモーツァルトからシューベルトらにつながるドイツ歌曲のイメージが影響を与えているのかもしれません。４拍子ではありますが１小節を２拍に感じたくなるような流れるリズム感。この感じは滝廉太郎の『花』（→ p.70-71）を思わせます（あくまでも私の主観ですよ）。

譜例１

♪=132
mf
1. た だー い ち め ん に た
mf
p
※調は原曲による

『花』は４分の２拍子で♩＝60～66。『まきばの朝』を仮に２拍で演奏すると♩＝66。この２曲の間には共通するリズム感が流れているように思われます。それはテンポだけではなく、明け方のすがすがしい空気の中で花やポプラ並木の美しさを感じている自分の心という、表現するべき情緒の面でも共通するものがあるかもしれません。この曲はあくまでも４拍子ですが、ただ４つに数えただけでは歌詞の一語一語が〈た・だ・い・ち・めーんに〉と仮名を一つひとつ読むようなぶつ切れになりやすい。流れるリズムに乗せていくと〈ただ　一面に〉と仮名ではなく言葉として歌いやすくなります。言葉として理解し、歌えて、はじめて感情表現が可能となるのです。

強弱の表現

現在の教科書では中学年までは強弱記号がほとんど記載されていませんので、先生が使う伴奏譜に指示された強弱を練習の中で子どもたちに伝え、理解させて演奏に反映させることになります。

その鐘か?!
えっ‥?

楽典的理解による強弱表現を要求することは、教科書の内容よりも難度は高くなります。しかし１番の最後「カンカンと」の部分に作曲者が要求した弱音。「*p* だから小さく！」ではなく「遠くから鐘が聞こえてくるよ、どんな音だろう」と問いかけてみれば、子どもたちはたちまち表現手段としての強弱表現を実現します。体にしみ込ませた表現手段としての強弱。やがて学習が進み楽典的理解に到達したとき、それは無味乾燥な理論や用語ではなく、音楽の生きた要素として理解されるでしょう。

第4学年

もみじ

文部省唱歌

高野辰之（たかの たつゆき） 作詞・岡野貞一（おかの ていいち） 作曲

♩=92
★1
(はるがきた)
1. あ き の ゆ う ひ に て る ー や ま も み ー じ
2. た に の な が れ に ち り ー う く も み ー じ
こ い も う す い も か ず ー あ る な か に
な み に ゆ ら れ て は な ー れ て よ ーっ て
★2
ま つ を い ろ ど る か え ー で や ー つ た は
あ か や き い ろ の い ろ ー さ ま ー ざ ま に
や ま の ふ も と の す そ ー も よ う
み ず の う え に も お る ー に し き

高野辰之作詞、岡野貞一作曲の名コンビによるこの曲は、第２学年の教材として明治44年発行の『尋常小学唱歌』で発表されました。同じ作者による『春がきた』（→ p.24-25 ）は現在では第２学年の教材となっていますが、『尋常小学唱歌』では第３学年用とされていました。扱う学年が現在とは逆になっていますが２曲を比べてみるとその理由がわかります。

音域は『もみじ』が９度（最高音はレ）、『春がきた』は10度（最高音はミ）。音程の跳躍は『もみじ』３度から５度、『春がきた』は３度から６度（音程 → p.89 ）。リズムでは『もみじ』にはない付点音符が『春がきた』には用いられる等『春がきた』のほうが音楽的難度は高いと思われます。え？『春がきた』はハ長調で『もみじ』はヘ長調ですって？　じつは『尋常小学唱歌第一学年用』を見てみると20曲中ヘ長調が９曲、ニ長調が６曲、ト長調が５曲……ハ長調が１曲もないのです。調号の有無を難度とは見ていなかったのですね。

両曲は共通のリズム動機を持つこと（**楽譜の★１**）、『もみじ』の９小節目と『春がきた』の１小節目は同じ旋律であること（**楽譜の★２**）、「春」「秋」という季節を歌っていること。さまざまな面から見て、この２曲は姉妹曲であるといえるでしょう。

今日では『春がきた』は、ハ長調で８小節という覚えやすさ、低学年にも理解できる詩であること等の理由で第２学年の教材とされたものと思います。では『もみじ』は……。

合唱への編曲

そうです。２部合唱曲として編曲されたことで、中学年にふさわしい教材として新たな価値を獲得したのです※11。編曲は、もともと２年生用であった原曲の歌いやすさを生かし、前半は輪唱風、後半は３度のハーモニーを中心にまとめられ、合唱への導入としてこれ以上はないという完成度を見せています。『もみじ』といえば合唱編曲版と、完全に定着しているといえるでしょう（編曲版の楽譜は教科書等をご参照ください）。

【※11】 編曲者、中野義見（明治30年〜昭和44年）は音楽教育者で、都内の小学校で校長まで務めたのち、音楽大学の教授として後進を育てました

富澤流もみじ練習法

合唱は始めたばかりの４年生、不慣れな子はほかのパートに“つられます”。人には聞こえた音と同じ音を出そうとする本能があるので“つられる”のが当たり前。子どもは“つられまい”とほかのパートを聞かない努力をします。これでは合唱の楽しさなど味わえません。なんとか他パートを聴けるようになりたいですね。

まずはパートごとにしっかりと音を覚えることで不安をなくします。全体を２パートに分けただけだと、慣れないうちは自分の周りにいる同じパートの人の声ばかりが聞こえます。２つのパートを向かい合わせにしてみましょう。『さくらさくら』（→ p.38-39 ）で練習した胸の前の玉。意識は玉をむけた方向に向かうので、向かい合って玉を共有するとお互いの声がよく聞こえてきます。そして相手の声を聴こうとするのではなく、相手に自分のパートを歌って聞かせるようにしてみましょう。「ぼくはこういうメロディーだよ。君は？」。お互いが“聴きあうのではなく、聞かせあう”という意識を持つとあら不思議。聴こうとはしていないのに相手の声がよく聞こえ、聴こうとしていませんからつられなくなります。しかも友だちと気持ちの玉を共有した一体感を味わう。これが合唱の楽しさですね。え？指揮者はどこに立ったらいい？　向かい合ったときには指揮はいりません。仕上げに全員が前を向いて「先生の玉とみんなの玉をあわせると先生が鏡になる。そこに映っている相手に向かって歌いかけよう！」。

もみじとは紅葉のこと
ふつうは楓のことだけれど
ツタも紅葉するよね

コラム 4

4年生はみんなと

４年生の４曲を見ると、遊びうた・童謡的なものは姿を消し、音楽的にも内容的にも高度になり、元気いっぱいに大きな声を張りあげるという歌い方では対応できない曲になっています。曲たちは「歌って楽しむ曲」から「歌って聞かせる曲」へ、「鑑賞にたえる作品」へと進化したといえるでしょう。自分が楽しければよかった段階から、聴く人をも楽しませる段階へと脱皮したのです。これは子どもたちの発達段階をしっかりと視野に入れた適切な課題設定だと思います。自分たちはもうすぐ高学年なのだ、歌う歌の内容も、課題もこんなに高度になったのだ、という自覚を促し、子どもたち自身に成長の手ごたえをつかませてあげたいものです。

明治、大正期につくられた唱歌が持つ、季節の移り変わりや自然に対する日本人としての感性を育てる力と表現。それは「ぼく」「きみ」「ぼくたち」といった対人関係や自分自身の心のようにストレートに感情表現できるものではありません。『まきばの朝』も『とんび』も歌われている感情は個人レベルのものです。それだけに表現に対する意思と気持ちを、ともに歌う友だちと共有しようとする意識が大切になります。フレーズや抑揚、強弱から発声まで、音楽的な課題をしっかりと捉えることで集中力を向ける方向を明確にしたい。その目的意識が全員の気持ちをそろえさせるでしょう。

そこに登場するのが『もみじ』。中野義見編曲版では、わずか 16 小節の中で「同じフレーズの輪唱風かけ合い」から「美しい３度のハーモニー」に到達し、最後は「個々に独立した２声によるアンサンブル」。合唱の基本的要素のすべてが求められています。個人の意識が「ぼくと相手」という１対１の関係から「ぼくたち」という横のつながりに広がっていくこの時期に、なんと素晴らしい曲が用意されていることか。これまでに学んできた皆で声と心を合わせること、胸の前に玉を共有する集中力が、仲間と声と気持ちを合わせて響かせあうことを可能にするでしょう。
　音楽は算数などと違い、単元ごとの課題や、それを身につけた成長の手ごたえを感じにくい教科です。また共通教材以外のさまざまな教材が扱われることと思いますが、ケースによっては共通教材が提示する段階を超えた課題や難易度を持つ曲に取り組むこともあろうかと思います。ですが、それによって共通教材が「後戻り」になることは望ましくないでしょう。学年の段階に応じて設定された課題、そこで身につけたものを確認し、適応させ、発展・応用する場としてそれら共通教材以外の教材が活用されるとき、課題相互のつながりが生まれ、音楽学習の大きな幹となるのではないでしょうか。

とーべとおべぇ
とぉぉぉんびぃぃ〜〜
いいじゃないか♥
遠慮しないで
やってみよう!

第5学年 こいのぼり

文部省唱歌

♩=96
1. い ー ら ー か の な ー み ー と く ー も ー の な み
2. ひ ー ら ー け る ひ ー ろ ー き そ ー の ー く ち に
3. も ー も ー せ の た ー き ー を の ー ぼ ー り な ば
か ー さ ー な る な ー み ー の な ー か ー ぞ ら を
ふ ー ね ー を も の ー ま ー ん さ ー ま ー み え て
た ー ち ー ま ち りゅ ー う ー に な ー り ー ぬ べ き
た ち ば な か ー お ー る あ さ ー か ぜ に
ゆ た か に ふ ー る ー う お ひ ー れ に は
わ が み に に ー よ ー や お の ー こ ご と
た か く お ー よ ー ぐ や こ い ー の ぼ り
も の に ど ー う ー ぜ ぬ す が ー た あ り
そ ら に お ー ど ー る や こ い ー の ぼ り

譜例1

【※12】弘田は『浜千鳥』『叱られて』等、今日まで愛唱される多くの作品を残していますが、晩年には幼児教育に力を注ぎ、彼が園長を勤めた幼稚園はその教育理念を現在に伝えています

大正2年（1913年）発行の『尋常小学唱歌第五学年用』で発表されたこの曲は、当時、東京音楽学校ピアノ科2年に在学中だった弘田竜太郎（明治25年〜昭和27年）の作曲と伝えられています※12。

『こいのぼり』にはもう1曲、小出浩平の作詞作曲と伝えられる〈♪屋根より高いこいのぼり〉があり、こちらのほうが親しまれているかもしれません。試みにこの2曲を比較してみましょう。

印象は個人の感性による部分ではありますが、私には弘田は力強く、小出は穏やかに感じられます。難しい文語体で男の子の成長と出世を祈る弘田に、やさしい口語体でこいのぼりがのんびりと泳ぐ初夏の平和な情景を歌った小出。こいのぼりという対象にゆだねたテーマそのものが正反対なのですね。テーマが対照的であることが音楽の諸要素に表れています。4拍子と3拍子の違い、付点音符の有無。そう、付点音符は弘田の『こいのぼり』を扱ううえで見落とせない要素ですね。

滝廉太郎（明治12年〜明治36年）の『箱根八里』が『中学唱歌』として採用出版されたのが明治34年、弘田は11歳でした。想像ですが中学生の弘田は『箱根八里』を歌い、若い情熱が躍動する力強い付点音符に心をときめかせたのではないでしょうか。それがまだ学生であった弘田に、この情熱的な力強い付点音符を書かせたのかもしれない。

この情熱を感じ取ること、あふれるエネルギーを歌いあげること。この曲を歌ううえで大切にしたいことだと思っています。

そのために

反則かもしれませんが、二つの『こいのぼり』を歌い比べてみましょう。比較は理解のための最高の手がかりです。箱が一つでは大きいか小さいかはわからないが、箱が二つあればどちらが大きいかを判断できる。「元気よく歌いましょう」が、ただ大声を張りあげるだけになっては突風を受けて荒れ狂うこいのぼりになってしまう。〈♪高く泳ぐや　こいのぼり〉。この歌詞を、輝く眼差しで空を仰ぎ見る、そんな表現で歌えたらすてきでしょうね。そしてこのような歌い分けは、共通事項でいう「拍の流れ」や「リズム」を、知識としてではなくその本質を体で理解することにつながるでしょう。

付点の処理

付点音符の重要性を述べましたが、この曲には慣用的に不正確に歌われることの多い部分があります。日本人の持っているリズム感のせいでしょうか。付点音符が連続すると阿波踊りのような３連符に近い跳ねるリズムになりやすく、その結果、第１・５小節目の３・４拍目が**譜例１**のように歌われることが多いようです。

鯉だよ
ふぐ！

同様に第11・15小節目の８分音符も付点として歌われることもあります（**楽譜の**☆）。歌い分けてみるとかなり印象が違います。伴奏左手の４分音符の刻みを自分のあゆみと感じると、楽譜どおりに正確な８分音符を歌ったほうが力強い確信に満ちた表現ができるのではないでしょうか。実際に二通りのリズムを歌い分けてみる練習が効果的です。

ファがある！

小出版の親しみやすさの一つの要素として、旋律がヨナヌキ音階によっていることもあるでしょう。それに対し、弘田の『こいのぼり』には第４音ファ（移動ド）の音が旋律の要として働いています（**楽譜の★**）。

民謡風の旋律から離れた西洋の音階が自然に用いられている……のに！　第７音シは出てこない‼　うーん、日本人の血が流れている！

第5学年

子もり歌

日本古謡

陽音階（田舎節）

1．ねん　ねん　ころりよ　おころりよ
2．ぼうやの　おもりは　どこへいった
3．さとの　みやげに　なにもらった
ぼうやは　よいこだ　ねんねしな
あのやま　こーえて　さとへいった
でんでん　だいこに　しょうのふえ

陰音階（都節）

1．ねん　ねん　ころりよ　おころりよ
ぼうやは　よいこだ　ねんねしな

各学年１曲ずつ置かれた日本の音階による歌たち。１年の『ひらいたひらいた』から６年の『越天楽今様』まで、段階を追いながら日本の伝統的な音楽になじむことができるよう見事に設計されていますが、各学年１曲ずつであるために段階が見えにくくなっている面があり、西洋音楽のスタイルによる曲たちの中にポツンと１曲置かれた日本音階の曲は異質に感じてしまうかもしれません。このギャップを埋めるためには復習が効果的でしょう。３年の『うさぎ』を歌う前には前年に学んだ『かくれんぼ』を歌って日本の響きを思い出しておく。４年の『さくらさくら』に入る前には『うさぎ』を、『子もり歌』に入る前には『うさぎ』と『さくらさくら』を歌ってこれまでに学んだ日本音階の響きを思い出しておくことで、『子もり歌』がグッと身近に感じられるでしょう。

暗い曲ではない

「江戸子守歌」と呼ばれるこの曲は江戸から全国に広まったといわれており、各地にさまざまなバリエーションで伝えられています。一般に、江戸周辺では陰音階（都節）、地方では陽音階（田舎節）が多くなるといわれますが、私が見聞きした範囲では地方でも陰音階で歌われることも多いようです。もう日本に田舎はない！　ということでしょうか……。

陰音階で歌われる『子もり歌』には、物悲しい雰囲気が感じられます。これを子どもたちは「暗い」という言葉で片付けてしまいがちですが、短調＝暗い、こんな先入観のようなもので音楽を仕分けてしまっては、感受性は育たないでしょう。日本の音階による曲たちを明るい長調の曲たちとの比較でとらえるのではなく、この音階から得られる響きの色合いを感じ取り、受け取ってほしい。くり返すようですが、そのためにも復習が有効であろうと思います。

強拍が休み

『茶つみ』（→ p.30-31 ）を思い出してください。各フレーズの第１拍が休符となっていました。本来強拍である第１拍が休みであるということは、声を出していないときにそこに〔重み〕が生じているということです。その重みは心の中の重みであり、それこそが感動と呼ぶべきものではないかと思います。なんの感動もなしに発した「ありがとう」と、心からの感謝を込めて発する「ありがとう」では言葉を発する前の呼吸が違うはずです。『さくらさくら』（→ p.38-39 ）を思い出してください。人が何かに注意を向けたとき、胸の前に空気の玉ができました。心が込もったときには、まず呼吸とともに胸の前に玉ができ、それから言葉が発せられるでしょう。強拍が休符であるとき、その休符の時間に玉ができる……すなわち感動があるのです。『茶つみ』では５月の空と茶畑の緑、「ああ、なんてきれいなんだろう」という感動が第１拍に玉をつくらせるでしょう。では『子もり歌』は？

愛の歌

２小節目、３小節目、どちらも第１拍に８分休符を持っています。本来強拍である第１拍の頭が休符ならば、そこに重みがあるはず。胸の前の玉が生まれているはずです。その玉は……そうです、赤ちゃんとの間に結ばれた玉。子どもに注がれる愛の眼差しです。胸の前に赤ちゃんを抱いたつもりで、１拍目の休符でその子に微笑みかけてみてください。自分と赤ちゃんの間にすてきな玉ができているでしょう。それを感じながら歌ったとき、この歌は温かく、少しも暗くなんかありません。

愛されて生まれ
愛されて育つ
それが
あたりまえなんだ
〜zz

子どもに注がれる親の思い……この歌からそれを感じられたら……。気がつくでしょう、あなたもその思いを注がれて育ってきたということに。愛を失った親、命の価値を知らない子、嫌なニュースの多い今だからこそ、心からの愛を感じながらこの歌を歌いたいと思います。

第５学年

冬げしき

文部省唱歌

♩=100
☆
1. さ ぎ り き ゆ る み な と え の
ふ ね に し ろ し あ さ の し も
た だ み ず と り の こ え は し て
い ま だ さ め ず き し の い え

一、さぎり消ゆる　港えの
　　船に白し　朝のしも
　　ただ水鳥の　声はして
　　いまだ覚めず　岸の家

二、からす鳴きて　木に高く
　　人は畑に　麦をふむ
　　げに小春日の　のどけしや
　　返りざきの　花も見ゆ

三、あらしふきて　雲は落ち
　　しぐれふりて　日はくれぬ
　　もしともしびの　もれこずば
　　それとわかじ　野辺の里

反復がない？

　曲は［４小節＋４小節］×２という二部形式です。フォスターの歌曲に代表される一般的な二部形式では（Ａ・Ａ'）（Ｂ・Ａ'）のように旋律の反復が構成の基礎になっているものが多いのですが、この曲は（Ａ・Ｂ）（Ｃ・Ｄ）という構造で旋律の反復がありません。それでも二部形式としての確かな構成が感じられます。どうなっているのでしょう。

　秘密はリズムにあります。旋律そのものは反復されませんが、旋律を構成するリズムに目を向けると４小節からなるリズムパターン（**楽譜の☆**）が反復されていて、全曲は（Ａ・Ａ）（Ｂ・Ａ）という明確な構造になっており、そのうえ８小節を単位とする和声構造が構成感をさらに確かなものにしているのです。明治・大正期の唱歌にはリズム構造を楽曲構成の基盤としている曲が多く見られますので、楽曲分析の際には音高としての旋律だけではなく、リズム構造にも目を向けてみてください。

発見しにくいですが旋律にも秘密があります。２小節目の〈ソファミ〉（移動ド）、６小節目の〈ミレド〉のように順次進行で３度下行する音型が旋律の骨組みになっています（**楽譜の★**）。下行音型はエネルギーが減りそうですが、歌詞と連動させることで感情のエネルギーは保たれ、いやむしろ増していく部分も。では詩の構造を見てみましょう。

詩と音楽の一致

１番から３番まで［６文字＋５文字］×４というリズムで統一されており、１・２・４行目の最初の６文字は［３文字＋３文字］、３行目だけが［２文字＋５文字］となっています。１コーラスの４行がＡ・Ａ・Ｂ・Ａという構造になり音楽上の二部形式に対応しているのです。そしてすべての言葉の語頭が１拍目になるように作曲されているので、３拍子のリズムに乗ることで自然に歌詞をかみしめながら歌うことができ、語頭を強拍として強調するだけではズンチャッチャのようなつまらない歌になりますが、３文字＋３文字の６文字が一つのフレーズであることを考えれば、２小節を単位とする大きなフレーズで音楽を把握し表現することができます。さらに文章としては２行ずつの前段・後段にまとめられていますので感情のフレーズはさらに大きなものとなるでしょう。

なお私見ですが、１番の詩は構成上〈さぎり消ゆる　港えの／船に白し　朝のしも〉と表記されていますが、内容から見れば「さぎり消ゆる　港えの船に　白し朝のしも」と理解するべきではないかと思います。〈港えの〉が終わった同じ音から〈船に白し〉が歌いだされることは、ここでフレーズが切れないようにという作曲者の配慮でしょう。

語ることと歌うこと、歌唱表現の土台である二つのことを結びつけて理解し実現するというとてつもなく大きな課題を、この曲は投げかけてきます。「そんな難しいことが子どもにできるわけがないじゃないか」。そうかもしれない。でも、できるできないが問題なのではありません。なんの目標も意図もなくただ歌うだけでは、歌を歌ったという行為の満足以上のものは得られません。しかし「こうやってみよう」という意志を持って歌うとき、そこに注ぎ込まれる集中力が楽しさと喜びを与えてくれるでしょう。課題と真剣に向き合うことの楽しさを知ることこそ、音楽が子どもたちに教えうる最も重要なことではないか、と考えています。

真剣に歌うから 楽しいんだ

第5学年

スキーの歌

文部省唱歌

林柳波（りゅうは） 作詞・橋本国彦（くにひこ） 作曲

♩=120
a
b
1. か が や く ひ の か ー げ ー は ゆ ー る ー の や ー ま
2. と ぶ と ぶ お お ぞ ー ら ー は し ー る ー だ い ー ち
3. や ま こ え お か こ ー え ー く だ ー る ーしゃ め ー ん
か が や く ひ の か ー げ ー は ゆ ー る ー の や ー ま ふ
と ぶ と ぶ お お ぞ ー ら ー は し ー る ー だ い ー ち いっ
や ま こ え お か こ ー え ー く だ ー る ーしゃ め ー ん た
も と を め が け て ス タ ー ト き れ ー ば
ぱ く か げ な ー き てん ち ー の う ち ー を
ち ま ち さ え ぎ る たに を ー ば め が ー け
こ ゆ き は ま い た ー ち ー か ぜ ー は ー さ け ー
ス トーッ ク か ざ し ー て ー わ れ ー は ー か け ー
お ど れ ば さ な が ー ら ー ひ ちょ う の ー こ こ ー
ぶ か ぜ は さ け ー ぶ
る わ れ は か け ー る
ち ひちょ う の こ こ ー ち
(低音が主旋律)

譜例1

c

作曲者・橋本国彦（明治37年～昭和24年）は東京音楽学校本科器楽部を卒業したヴァイオリニストで、演奏家、教育者、さらに作曲家として多くの作品を残しました。彼ばかりでなく、戦前の作曲家たちの残した偉大な業績にもっと光が当てられてほしいものです。

滑っているのは誰？

林柳波（明治25年〜昭和49年）の詩は、スキーの爽快感を歌いあげたもので内容的な難しさはありませんが〈日のかげ〉〈はゆる〉等、子どもにはなじみの薄い表現がありますのでその意味は歌う前に確認しておきましょう。

詩の主体はスキーヤー自身。見ているのではなく自分が滑っているスピード感やワクワク感を歌いあげたものですので能動的な感情表現が求められます。

スキー経験のない子どもには理解が難しい？　いえ、人には想像力があります。小さいころ滑り台で遊んだよね。それにほら、プールのスライダー！　あの楽しさだよ！

興味を持ち「やってみたいなぁ」と思ってくれたら最高ですね。

3拍目でバウンド

曲はＡＡ’ＢＡの二部形式にコーダ（終止部）がついた形です。Ａは３回とも全く同じ旋律により開始されますが、この旋律の躍動感は素晴らしいものです。第１拍が付点音符であることにより音楽は力強い推進力をもって開始され（**楽譜のa**）、この推進力が、続く１オクターヴの上行（**楽譜のb**）を支えます。いわば**a**でトランポリンに向かって飛び降り、**b**で高くバウンドするのです（**譜例１のイラスト**）。**a**だけを３拍目でバウンドするように何回か歌ってみましょう。３拍目に跳ね上がる運動を感じられたら１・２小節を続けて歌ってみます。３拍目のバウンドが歌声を１オクターヴ上に跳ね上げてくれます。

続く第２・第３小節の跳躍も３拍目の頭でバウンドする意識で歌うとよいでしょう。３拍目の頭はタイになっていますが３拍目がバウンドならばその瞬間まで体は宙を飛んでいる、つまりバウンドの瞬間まで声が出ている、と考えてみるとわかりやすいでしょう。バウンドの瞬間にブレスし、跳ね上がった体で〈はゆる〉、続くバウンドで〈のやま〉が歌われるのです。

下が主声部

【※13 ドッペル・ドミナント】 ほかの調から借りてきた和音の一つ。属音（→ p.90 参照）を主音とする調（ここでは二長調）の属和音のこと

コーダは二声になっていますが下声部が主旋律です。これは開始の旋律に由来しています。最初の４小節の１回目のバウンド（**譜例１のc**）と、バウンドを経て到達した１拍目の音（**譜例１の○**）をつないでいくと現れる旋律。これがコーダの主旋律となっているのです。なんと見事な構成でしょう。７小節目に現れるドッペル・ドミナントの和音※13、強起の曲でありながらＢ部分は弱起になっている大胆さ（強起、弱起 → p.89 ）。ここには西洋音楽を完全に自家薬籠中のものとした若き作曲家の才能が、歌詞そのままに光りきらめいているのです。

コラム5
5年生は発展

付点音符の持つエネルギーが全開される力強い『こいのぼり』『スキーの歌』の２曲。ゆっくりした穏やかな流れの中に情景や情感を歌いあげる『子もり歌』『冬げしき』の２曲。５年生で扱う４曲が求める音楽表現の幅の広さこそ、この学年の課題でしょう。『こいのぼり』と『スキーの歌』、一見どちらも付点音符の力強さを表現すればよいように見えますが、この２曲の求める付点音符の効果はそれぞれ全く違うものです。連続する付点音符によって、まさに風に踊るように弾む『こいのぼり』に対し、あれ？　あんなに付点音符が印象的な『スキーの歌』なのに、たった3か所しか付点８分音符が用いられていない！　雪にストックを突き立てるように付点音符で力強くスタートを切ると、その先４小節間はそのエネルギーで一気に滑り降りていきます。たった一つの付点８分音符が４小節間も音楽を推進させる。３段目では一度止まり、弱起の広々とした旋律でこれから降りていくふもとを眺め、再びストックを突き立てて滑り始める。なんと見事な設計でしょう。試みに付点８分音符の付点をなくし全部８分音符で歌ってみると……スピード感は全くなくなりますね。付点音符がスピード感の鍵を握っているのなら、全部付点音符にしたらもっとスピード感が出るかな？　全部の拍を付点で歌ってみたら……まるでモーグル！　いやむしろ、いちいちストックを突かなければ前に進めない初心者のスキーですね。同じ付点音符でも扱い方によってこれほどの違いが生まれること、それを表現し分けること。大きな、そして楽しい課題です。

ゆるやかな２曲も日本の音階により情感を表現する『子もり歌』と、西洋の歌曲のように緻密に構成された旋律により、情景描写とそこから受ける感動を表現する『冬げしき』では求められるものが大きく違うでしょう。この４曲をしっかりと消化し、求められる表現に応えられたなら、もうどのような曲でも歌えると思えるほどです。いや、実際そうでしょう。共通教材たちから学べる事柄、それらを応用し、発展させていけば子どもたちの周りにあるほとんどすべての歌たちは立派に楽しく演奏できるはずです。また、共通教材以外の曲たちを演奏した経験が、共通教材の持つ意味をあらためて明らかにしてくれるのではないでしょうか。共通教材たちが、子どもたちの友だちになってほしいと心から願います。

最近はスノーボードだね
2番の“ストック”のことを
説明しなくちゃ

第6学年

おぼろ月夜

文部省唱歌
高野辰之（たかの たつゆき） 作詞・岡野貞一（おかの ていいち） 作曲

♩=80
p
1. な の は な ば た け ー に い り ひ う す れ み わ
2. さ と わ の ほ か げ ー も も り の い ろ も た な
た す や ま の ー は か す み ふ か し は る
か の こ み ち ー を た ど る ひ と も か わ
mf
か ぜ そ よ ふ ー く そ ー ら を み れ ば ゆ う
ず の な く ね ー も か ー ね の お と も さ な
p
づ き か か り ー て に お い あ わ し
が ら か す め ー る お ぼ ろ づ き よ

譜例1

な の は な ば た け ー に い り ひ う す れ

ゴールデンコンビ

『ふるさと』と並び愛されているこの曲は高野辰之・岡野貞一のコンビによる作品です。作曲の岡野貞一は明治11年の生まれ（昭和16年没）、明治12年生まれの滝廉太郎とわずか1歳違いです。滝が不幸にして24歳で早世したため、かえって天才としての名声を得ていますが、岡野は文部省唱歌という名前の世に出ない領域で活躍したためにその名は広く知られているとはいえません。しかし「作曲者名が語られなくなったとき、その歌は民族にとって民謡となる」という言葉があるとおり、その作品はすでに日本人にとって民謡と呼びえるものになっているかもしれません。当時の唱歌は編纂委員の合議制でつくられていましたので、岡野の曲にも他の委員からのアドバイスや加筆が行われている可能性は十分にあると思いますが、それを考慮してもなお、日本における西洋音楽黎明期の最大の作曲家の一人と呼ぶべきでしょう。そしてその作品がいずれも高野辰之（明治９年～昭和 22 年）の詩を得ていることは一つの奇跡かもしれません。わかりやすく、深い情緒をたたえた高野の詩があってこそ、この歌たちは愛されているのでしょう。

弱起

一般の人に『おぼろ月夜』を歌わせると多くの人が１拍目から始まる強起（強起、弱起→ p.89 ）として歌います（**譜例１**）。外国曲における弱起は外国語が冠詞を持つことに由来します。冠詞が前に出ることで強く発音されるべき重要な単語本体が音楽の強拍と一致するのです。これに対し日本語は冠詞を持たないため、単語本体から文章が始まります。すなわち強起のリズムを内在しているために弱起のフレーズを歌いにくく感じてしまうのでしょう。試みに３拍子であることを強調して各小節１拍目にアクセントをつけるように歌ってみてください。

♪空を見れば
夕月かかりて においあわし
においは花の香りじゃなくて
月の光の淡さだよ

“なのはーなばたけーに”これでは詩も旋律も台無しです。そこで語頭にあたる３拍目を強調して歌ってみると詩と音楽は自然で歌いやすくなるでしょう。しかしこれならば１拍目から始まる**譜例１**と事実上同じことになり、弱起で書かれた意味がありません。なぜ弱起なのか、富澤流に考えてみます。

ストレス・シンコペーション

造語です。言語では“アクセント”は「抑揚」を意味し、強点を意味する音楽用語と異なります。一方「強点」は“ストレス”と呼びますのでそれを用いました。「菜の花」と発音するとストレスは語頭にありますが、「きれいな菜の花」「わぁ～菜の花だ」のように形容詞や感嘆詞が付加されると、ストレスは「きれいな」「わぁ～」のほうに移動します。強点が移動することから、私はこれをストレス・シンコペーションと名づけました。感嘆詞は音声を伴わずに呼吸（息の溜め）によって表現できます。すると「！……菜の花だ」のようにストレスは休符に吸収されて消えてしまうのです。３拍目から始まる『おぼろ月夜』、１・２拍の休符の中に「わぁ～なんてきれいなんだろう！」という感情の溜めができると、弱起であることの美しさを感じられるのではないでしょうか。『子もり歌』（→ p.50-51 ）で練習した「休符で胸の前に玉をつくり対象と気持ちをつなぐ」表現方法は、強拍部に休符を持つ多くの曲に応用できるものと思います。いや、玉をつくって対象と気持ちをつなぐことの大切さに強起も弱起もありません。外国語の歌にふれる前に、外国語では表現しえない日本語ならではの感情表現を感じ取れたら素晴らしいですね。

第6学年

われは海の子

文部省唱歌

♩=126
1. われはうみのこしらなみの
2. うまれてしおにゆあみして
3. たかくはなつくいそのかに
さーわぐいそべのまつばらに
なーみをこもりのうたときき
ふだんのはーなのかおりあり
けむりたなびくとまやこそ
せんりよせくるうみのきを
なぎさのまつーにふくかぜを
わがなつかしきすみかなれ
すーいてわらべとなりにけり
いみじきがくとわれはきく

明治43年（1910年）発行の『尋常小学読本唱歌』に発表された曲で、穏やかな曲調のものが多い唱歌の中で、♩=126という行進曲風のテンポによる生き生きした旋律が好まれたのでしょう、戦後の一時期を除き100年の間歌い継がれ愛されてきた名曲です。作詞者については諸説があり、作曲者も不明のままなのは残念ですが※14。

この曲は楽譜により強弱記号の扱いがさまざまです。私の手元にある大正3年版の復刻版では、強弱が一切つけられていませんが、昭和17年の『初等科音楽四』では今日見られるような強弱記号がついています。このようなことが、楽譜ごとの違いとなっているのでしょう。

【※14】当初、歌詞は7番までありましたが、今日では3番までしか歌われません。文語体の難解なものであることと、7番の最後に〈いで軍艦に乗り組みて、我は護らん海の国〉という軍国的なものを思わせる一節が出てくることなどが理由であろうと想像しますが、海に育ったたくましい若者の輝くまなざしのような、健康そのものの詩と音楽です。素直に受け取って気持ちよく歌いたいですね

詩と曲の構造

曲は二部形式でA（a・b）／B（c・b）という構造になっています。これはフォスターの作品などに多く見られるA・A'／B・A'という4小節の小楽節4つであることがはっきりわかる二部形式と比べると、b が2回出てきていることを見逃しやすいほど8小節の大楽節が2つと

いう構造が強く感じられるでしょう。

この構造は曲想表現と密接なものです。歌詞を朗読してみると、４行からなる詩が２行ずつ前後２段に分かれていることがわかります。曲が８小節の大楽節２つとなるようにつくられているのは、歌詞の構造に対応しようとする作曲者の工夫でしょう。この構造が意識の中に入っていれば１番の歌詞を〈われは海の子白波の／〉と、おかしなところで切ることなく〈われは海の子／白波のさわぐいそ辺の　松原に〉と正しく感じ、表現することができるでしょう。休符が入っていてもそれに惑わされずに、詩を正しく把握し表現に結びつけること。この難しい課題も６年生ならできます！　白波の立つ荒い海で育ったたくましい若者の姿。自分たちが、ここまで歌で言葉を表現できるようになったのだ、という手ごたえをつかませてあげたいですね。

音域の広さ

♩＝126というマーチ風のテンポで、旋律も付点音符を伴ったリズミカルなもののために、マーチそのもののようにガンガン歌われることがあるかもしれません。初期の版には強弱指定がないのですし、元気いっぱいの海の子の歌ですから、この曲の表現として当然ありえる解釈でしょう。しかし注目したいのはこの曲の音域の広さです。ニ長調または変ホ長調で歌われますが、ニ長調の場合最低音は低いラにまで下がります。*f* でガンガン歌おうと思うといわゆる地声で押し出すことになり、そのままの声で続けると３小節目の４拍目であごが上がり（ｉの母音なので余計に上がりやすい）、６小節目の最高音もｉの母音なので低学年のような声で歌うことになりかねません。そこで現行の楽譜の伴奏や強弱に目を向けてみると、この曲の曲想はガンガン歌うマーチというよりも、朗々と歌うものではないか、と思われます。そうとらえれば低音域を地声で押し出す必要もなく、高音域であごを上げて声を絞り出す必要もなくなります。これはまったく富澤流なのでおすすめはしませんが、イメージ的には４分の４拍子ではなく、𝅗𝅥＝63のテンポと感じたときの雄大さがこの曲にはふさわしいように思われます。

われは
海の子ぜよ……

元気いっぱいに歌いたい子どもたちが欲求不満を覚えないか？　たしかに……。では試しに乱暴でもいいからガンガン歌ってみましょう。まるで１年生がきゃっきゃと遊んでいるみたいな歌ですね。海岸に立って全身に潮風を受け、沖を眺めながら未来に思いをはせる６年生ならどう歌う？　そう、この歌は“海で遊んでいる”子どもの歌ではなく“海で育った”子どもの歌。あえていえば大人への階段を上り始めた子どもたちの歌。だから６年生が歌うのです。

第6学年

ふるさと

文部省唱歌
高野辰之(たかの たつゆき)　作詞・岡野貞一(おかの ていいち)　作曲

♩=80
☆
mf
1. う さ ぎ お い し か の や ま
こ ぶ な つ り し か の か わ
p
ゆ ー め は い ー ま も め ー ぐ ー り ー て
mf
わ す れ が た き ふ る さ と

一、うさぎ追いし　かの山
小ぶなつりし　かの川
夢は今も　めぐりて
わすれがたき　ふるさと

二、いかにいます　父母
つつがなしや　友がき
雨に風に　つけても
思いいずる　ふるさと

三、志(こころざし)を　はたして
いつの日にか　帰らん
山は青き　ふるさと
水は清き　ふるさと

世代を超えたすべての日本人が一緒に歌うことのできるほとんど唯一の曲といっても過言ではない、名曲中の名曲。内容の解説は不要でしょうから、音の構造的な部分に目を向けてみましょう。

リズムによる構成

4小節×4段の全16小節は8小節の大楽節2つからなる二部形式ですが、旋律には反復が一切なく、音高から見れば構成感は全くありません。それでも歌っても聴いても確かな構成を感じられるのは、旋律に含まれるリズムが4小節からなるパターン（**楽譜の☆**）を持ち、それが反復されることで（A・A）（B・A）という二部形式の構造をつくり出しているからでしょう。音高ではなく、リズム主題により楽曲が構成されていることは『冬げしき』（→ p.52-53 ）と同じです。歌詞はすべての行が［6

文字（3＋3）＋4文字］となっており、各語頭が第1拍となるように作曲されているので、3拍子の流れに乗って歌えば自然に歌詞をかみしめることができ、かつ3文字＋3文字の6文字が一つのフレーズとなるので旋律を大きなフレーズで感じることができます。これらの特徴も『冬げしき』と共通しています。が、そこには必ず発展があるはずです。

さらに大きく

強弱の記号を見てみると1段目で4小節かけてクレシェンドし、2段目で4小節かけてデクレシェンドしています。つまり2段にまたがる8小節のフレーズとして音楽を感じ、表現することが求められているのです。これを単なる音量の変化としてしまっては意味がありません。なぜこのようなフレーズなのか。歌詞に対応させれば、もしもフレーズが4小節ごとに切れてしまえば「山がありました。川がありました」という事実の列挙に過ぎませんが、8小節のフレーズを感じ、2段目の頭に表現の重みがあることを感じて歌えば「山がありました。ああ！そして川もありました」とでも言えるような、ふるさとに向けた思いの、感動の表現ができるでしょう。5年生から6年生への階段はこれほど大きな階段なのです。それぞれの学年で学ぶべき事項がしっかりと積み重ねられていくことの大切さ。新しい学年でまた新しい歌を覚える……のではなく、音楽科においても算数の勉強と変わらない課題の消化とその応用・発展による成長が求められるのです。

それぞれのふるさと

日本で最も広く知られ愛されている歌『ふるさと』。しかしその詩をよく読むと……。「雨に降られ、風に吹かれ」故郷を思うのはつらいときか……。「父母は、友は、どうしているだろう」あんまり連絡も取っていない、いや、まだ成功していないので連絡もできないのか。〈志をはたして〉まだ夢は実現していないし、〈いつの日にか〉いつ実現するか、はたして叶うのかどうかもわからない。〈水は清き〉今は水の汚いところで暮らしているのでしょうか。なんだか挫折の歌みたい……。いや、こんなアマノジャク解釈は子どもたちに必要ありません。「どんなに苦しいときでもお前には故郷があるよ。故郷はいつもお前を見守っているよ。だから頑張れ。そしていつか夢をかなえなさい」。ここに歌われている故郷という存在に、私は神の眼差しのような大きな愛を感じます。あくまでも私個人の思いですが、私にとってこの曲は愛の歌であり、希望の歌であり、勇気の歌です。いつか子どもたちにも、それぞれの「ふるさと」を見つけてほしいと願っています。

みんなで歌えるって
すてきだね

第6学年

越天楽今様

日本古謡
慈鎮和尚(じちんおしょう) 作歌

1.は る の や よ い の あ け ぼ の に
2.は な た ち ば ー な も に お う な り
よ も の や ま べ を み わ た せ ば
の き の あ や め も か お る な り
は な ざ か り か も し ら く も の ー ー
ゆ う ぐ れ さ ま の さ み だ れ に ー ー
か か ら ぬ み ね こ そ な か り け れ
や ま ほ と と ー ぎ す な の る な り

24曲の歌唱共通教材の中で子どもたちの日常から最も遠いところにある音楽、いえ、子どもたちばかりではない、教える立場である私たちにとっても日常から最も遠いところにある音楽であるといえるでしょう。この曲は雅楽『越天楽』に歌詞をつけたものですが、この曲が歌われるのを聴くことはほとんどありません。しかし原曲である器楽曲としての雅楽『越天楽』は、子どもたちもきっとどこかで耳にしたことがあるでしょう。お正月のテレビかもしれませんし、初詣の神社で流れていたかもしれません。それが『越天楽』であったかどうかはともかく、笙・篳篥・龍笛の特徴ある響きは「ああ、あれか」と思うのでは。

もともと貴族の音楽であった雅楽ですから、民間人の日常生活の中には存在しませんので、なじみにくさは否めませんが、だからこそ「歌ってみる」ことで身近に感じられるように、というのが歌唱共通教材として選ばれた理由ではないかと思われます。原曲が器楽曲であり、リコーダーや鍵盤ハーモニカでの演奏に適した素材であることから、器楽で扱われることも多い曲ですが、楽しく歌って好きになれたら楽器での演奏もより楽しくなるはずです。思い切って歌唱教材としての魅力を引き出してみたいと思います。

続・さくらさくら

歌詞は確かに難しいのできちんと理解しておきたいと思いますが、はたしてこの歌詞は難解でしょうか……。普段用いない言葉が出てくるというだけで内容的な難しさは全くないはずです。１番の内容など『さくらさくら』が表現していたこととほぼ同じですので、むしろ理解しやすいといって良いでしょう。歌詞だけではなく『さくらさくら』（→ p.38-39 ）でご紹介した「拡大コピー」と「胸の前の玉」の復習が『越天楽今様』を歌うための最高の武器となってくれるはずです。日常会話の日本語は16分音符の速度であり、それを何倍もゆっくりと語らねばならないことが言葉を切れ切れにし、内容の理解や感情移入を難しくしてしまう。それを解消するために日常会話のしゃべり方を、そのまま歌う速度にまで拡大するのが「拡大コピー」、『さくらさくら』では6倍に拡大していました。『越天楽今様』では第一声の「は」が２分音符ですので『さくらさくら』の倍！　日常会話の12倍にまで拡大する意識が必要です。私は子どもたちを挑発します。「小さい子は長い時間集中できないよね。だから曲も短いしすぐ終わるようにテンポも速い。大きくなると長い時間集中できるようになるよね。４年生で歌った『さくらさくら』を復習しよう。さあ６年生、『さくらさくら』の倍の時間集中できる？それができればこの曲がすてきに歌えるよ」。楽しさは集中の中にあります。挑発に乗り自尊心にかけて集中しようとするとき『越天楽今様』を歌うことの中にきっと楽しさを発見できます。さらにさかのぼって３年生の『うさぎ』（→ p.32-33 ）を復習すると「声の焦点」「音程の階段」という重要ポイントがありました。ゆったりとしたこの曲だからこそ、焦点のそろった美しい母音をたっぷりと響かせることができます。日本の音階による曲たちを縦に復習することが、『越天楽今様』を「これまでの勉強の集大成」として一生懸命に歌うべき歌にしてくれるでしょう。一生懸命に歌うから楽しい！

『越天楽今様』を楽しく歌って好きな曲にできたら雅楽を楽しく聴けるようになるにちがいありません！

コラム６

６年生は中学０年生

６年生で扱われる４曲（５・６年生は４曲中３曲を扱うことになっていますが）は、もはや子どもの歌とはいえない曲たちとなっています。『ふるさと』『おぼろ月夜』は「日本人の心の歌」などを募れば必ず選ばれる曲です。すべての世代の日本人が一堂に会して歌える歌は『ふるさと』だけなのではないか、と思われるほどですが、４曲中３曲の選択ということは『ふるさと』を歌わずに大人になる子どももいることになります。それでも、きっとどこかで耳にし、聞き知っている曲ではあるでしょう。東日本大震災後の被災地で『ふるさと』が歌われたと聞きます。文字どおり「日本人の心の歌」として大切にしていきたいですね。

３拍目から開始される『おぼろ月夜』の情緒。声帯が成長し音域の広くなった６年生だから歌える『われは海の子』。長いフレーズを、集中力を切らさずに歌うことが求められる『越天楽今様』。これらは、長時間集中できる精神的成長と身体的成長による大きな肺活量を得られてはじめて演奏可能なものでもあります。精神的にもすでに子どもではない、身体的にも大人に向かってグングン成長していく６年生の歌は、低学年の子どもたちには消化できない自分たちの成長を確認する歌たちなのです。それは６年生が小学校の最高学年であると同時に、中学生の入り口に立っていることを意味します。高学年になれば精神的にも微妙な時期となり、歌うことに対する抵抗感を抱く子もしばしば現れます。また、歌うことに対する興味や目的意識が失われ、向上しようという意欲がなくなる子もいるかもしれません。しかし、本来ありえないことなのです。６年生は小学校では最上級生ですが、中学生から見れば最下級生のさらに下。これからより多くのことを学んでいかねばならない、山の中腹に過ぎません。中学校で歌われる歌たちは、小学校での歌たちとは精神的にも音楽的にも比較にならないほど高度になります。中腹にいる者がもう自分の限界を勝手に決めてしまい、それ以上の成長を拒むなど、あってはならないことなのです。

子どもたちは常に成長の坂の途中にいます。ですが音楽という科目は、ほかの教科のように新しい課題が次々に現れ、それを消化しなければ先に進めないというものではないために、向上と成長を実感しにくい面があります。全校合唱などで低学年のときから高学年の歌を歌っていればなおのこと。同じことの反復のように感じてしまったら向上心はたちまち弱くなっていくでしょう。しかし歌唱共通教材を学年ごとに眺めてみただけで、そこで学べることが大きな成長曲線の中にあることがわかります。全校合唱で同じ歌を何年も歌っても、6年生の歌う歌は4年生のときの歌とは違うはず。同じ歌の理解が深まり、表現の幅が広がり、そこから得る喜びが大きくなったら素晴らしいことですし、いや、そうでなければならないと思うのです。もしかしたら共通教材は、音楽という科目の中に置かれた成長の階段をはかり理解する物差しなのかもしれません。

中学生まで
あとすこし

第2章

中学校
歌唱共通教材

中学

花

武島羽衣（たけしまはごろも）　作詞・滝 廉太郎（たき れんたろう）　作曲

譜例 1

♩=60～66
p
mf
mf dolce
(V)
は るの う らーらーの すーみーだ が わ

一、春のうららの隅田川（すみだがわ）
のぼりくだりの船人（ふなびと）が
櫂（かい）のしずくも花と散る
眺（なが）めを何にたとうべき

二、見ずやあけぼの露浴（つゆあ）びて
われにもの言う桜木（さくらぎ）を
見ずや夕ぐれ手をのべて
われさしまねく青柳（あおやぎ）を

三、錦（にしき）おりなす長堤（ちょうてい）に
くるればのぼるおぼろ月
げに一刻（いっこく）も千金（せんきん）の
眺めを何にたとうべき

1900 年（明治 33 年）、日本人の手により生み出された初の合唱曲。その事実だけで感動してしまいますが、その完成度の高さと今日に至るまで古びない独創性。滝という作曲家の才能に畏敬の念を覚えざるをえません。滝廉太郎（明治 12 年～明治 36 年）の生涯についてはあらためて語るまでもないでしょう。上級武士の家柄に生まれ、15 歳で東京音楽学校に入学するという恵まれた環境にあった滝。『花』と同じころに『荒城の月』『箱根八里』も作曲されています。この曲は題名どおり、天賦の才能がよき環境のもとで一気に開花したものといえるでしょう。彼にせめて人並みの寿命が……いや、よしましょう。この曲は広い世界に飛び出そうとする若者の希望が花開いた曲なのですから。

2拍子

まず拍子に目を向けましょう。4分の2拍子ですが4拍子のように感じる人も多いようです。♩＝60～66という速度は、4拍子だと1拍が120～132という軽快なアレグロの速度となるので歌いやすく、さらに前奏の最後に“ちゃん・ちゃん・ちゃん”と3つの音が鳴るため（**譜例1の☆**）、「1・2・3・はい」と4拍を数えてしまいやすいことも原因の一つでしょう。しかし指定どおりの2拍子としてリズムに乗ると、行進曲的な調子のよさではなく言葉の一つひとつをかみしめるように語りかけるニュアンスが生まれてきます。4拍子と2拍子で歌い分けてみると、その違いが実感できるでしょう。ピアノの左手だけを伴奏に歌ってみると、2拍の流れがはっきりと感じられます。伴奏者は左手の流れの中に右手の刻みを乗せていくことで、2拍子のリズム感と、指定されている *dolce* のニュアンスをつかめるはずです。

16分休符

1小節目の16分休符（**譜例1の★**）！　これこそ滝の天才が書かせた音です！　歌詞を音読してみましょう。感情を込めずに適当に読めば音はずるずるとつながりますが、なんてすてきな！　という思いを込めて〈春の〉と言ってみると語尾はスッと切れて音の消えた時間に“すてきだな！”という感情の滞空時間が生まれます。この滞空時間は2拍子に感じてはじめて生きてくる部分です。さらに！　この休符にはクラスの歌声をまとめる力があります。皆で歌っているときに歌っていない人がいても音の上では大きな傷にはなりませんが、一瞬の休符はたった一人がうっかり延ばしてしまっただけで失敗に終わってしまう。この休符が見事に歌えたら、それは全員が一つの気持ちになって歌った証だといえるでしょう。

記号を読み解く

2番。最初の8小節はアルトによって *p* で、続く8小節はソプラノによって *f* で歌われます。花の季節の夜明け、まだ冷たい空気がピンと張りつめ行きかう人の姿もない。朝露に朝日がきらめいている。なんとすてきな情景でしょう。*p* というたった一つの記号が描き出しているのです。そして夕暮れ。夕焼けに染まる桜、柳の緑。朝、誰もいなかった堤防は花見の人たちで活気にあふれている。*f* というたった一つの記号が詩の裏側にある人々の営みまでを描き出していく。楽譜という圧縮ファイルに込められた作曲者の想い、それを解凍し自らの想いと同化させて現実の音として歌いあげるのです。演奏という行為の、なんと素晴らしいことでしょう。

はるの…

休符を生かすもころすも
気持ちひとつだね

中学

早春賦

吉丸一昌（よしまるかずまさ）　作詞・中田 章（なかだ あきら）　作曲

譜例１

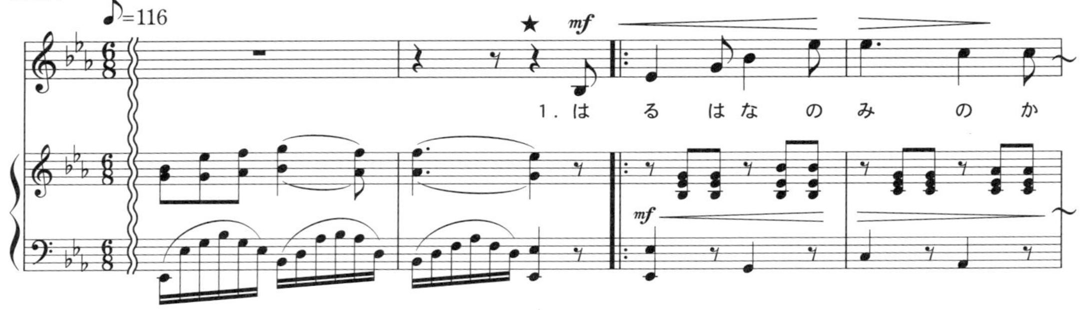

♪=116
mf
1. は る は な の み の か

一、春は名のみの　風の寒さや
谷の鶯（うぐいす）　歌は思えど
時にあらずと　声も立てず
時にあらずと　声も立てず

二、氷解（と）け去り　葦（あし）は角（つの）ぐむ
さては時ぞと　思うあやにくく
今日もきのうも　雪の空
今日もきのうも　雪の空

三、春と聞かねば　知らでありしを
聞けば急（せ）かるる　胸の思いを
いかにせよとの　この頃（ごろ）か
いかにせよとの　この頃か

譜例２　『春への憧れ　K.V.596』（モーツァルト）

Fröhlich
Komm, lie - ber Mai, und ma - che die Bäu - me wie - der grün,

譜例３

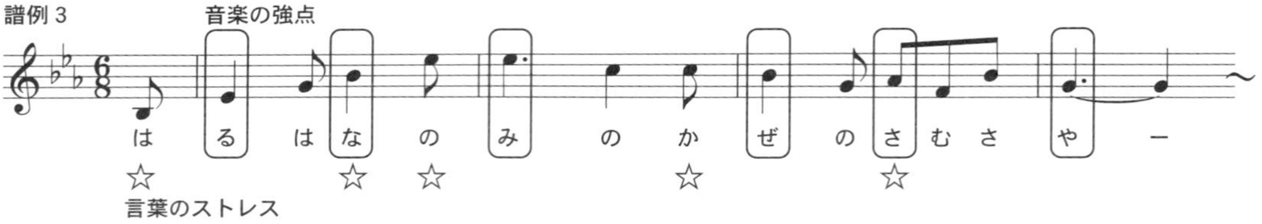

音楽の強点
は る は な の み の か ぜ の さ む さ や ー
言葉のストレス

６拍子

日本語は基本的に偶数のリズムを持ちます（七五調といわれるリズムも語頭や語尾に休符を持つことにより実質は偶数）。また長音はあるものの、外国語のような長母音と短母音の区別はありません。このような日本語のリズム的特徴が３＋３の奇数リズムである６拍子に合いにくいためか、小学校の歌唱共通教材 24 曲中に６拍子は１曲も選ばれていません。

中学ではもう１曲『浜辺の歌』が選ばれ、７曲中２曲が６拍子となっています。小学校からの発展であり、拍子に対する正しい知識と拍の流れに乗る感覚が求められます。まさに共通事項そのものですね。６拍子は付点４分音符を１拍とする２拍子ですが、『早春賦』が８分音符を単位とする速度表記がなされていることにも目を留めておきましょう。

西洋音楽

作曲者・中田章（明治19年～昭和６年）は、この曲の作曲にあたりモーツァルトの歌曲『春への憧れ K.V.596』を参考にしたと伝えられていますが、確かにリズムや旋律に多くの共通点が見られます（**譜例２・３**）。モーツァルトでは最初の言葉〈Komm（おいで）〉が独立した言葉としてアウフタクト（→ p.89 ）に置かれていますが、それ以降は歌詞の強点（ストレス）と音楽の強拍（６拍と考えての第１拍・第４拍）が完全に一致し、かつ母音の長短と音符の長短も一致しています。それに対し、日本語には冠詞がなく、言葉の強点は基本的に語頭にあるので（抑揚としてのアクセントとは異なります）、弱起の旋律では言葉の強点と強拍がずれることになります（**譜例３**）。また長短母音のない言葉を長短の音符で歌うことにも、ある種の不自然さが感じられるかもしれません。しかし西洋の語法に徹したことによって、日本語のリズム感に縛られたままでは決して生まれなかったであろう流麗な旋律と爽やかな情緒をたたえた曲が誕生し、それが多くの人の心を惹きつけてきたのでしょう。それでは先ほど指摘した点はすべてこの曲の弱点でしょうか。

いち にぃ さん しぃ ごぉ はる〜
いち と と はる〜

日本語ならではの表現

『花』（→ p.70-71 ）で〈春の〉という言葉に感情を込めたときと込めないときの語尾の言い方の違いを実験しました。心を込めたときには、言い切ったあとの休符に感動の滞空時間が生まれていましたね。ではもう一度、心を込めて「春」と言ってみてください。声を発する前に深く息を吸い感情の“ため”をつくっていませんか？　この“ため”は音楽では休符となります。感動の滞空時間である休符は音の後ろだけではなく前にもあるのです。『さくらさくら』（→ p.38-39 ）、『子もり歌』（→ p.50-51 ）などでくり返し練習してきた「空気の玉」、あれこそが感情の“ため”そのものなのですね（**譜例１の★**）。この感情の“ため”をもって歌うと“ため”と歌いだしの間に長短のリズムが成立し、このリズムを感じられたら長短の音符になんの不自然さもなくなります。先ほど速度指定の単位音符が８分音符であることに目を留めておきましたが、このリズムをつかめれば８分の６拍子があくまでも付点４分音符を単位とする２拍子であることが確認できます。そのリズムをふまえたうえでの６拍なのです。歌いだす前の感情の“ため”。これをつかんだとき弱起であることも長短のリズムも、すべてがかけがえのない魅力となってこの歌を輝かせてくれるでしょう。

中学

花の街

江間章子（えましょうこ） 作詞・團 伊玖磨（だんいくま） 作曲

♩=72～84
mp
1. な な い ろ の た に を こ え て な が れ て い く
2. う つ く し い う み を み た よ あ ふ れ て い た
3. す み れ い ろ し て た ま ど で な い て い た よ
※
※ dim. がない
☆1
mf cre - - - - - - - scen -
か ぜ の リ ー ボ ー ン よ わ に な ーっ てて
は な の ま ー ち ー よ わ わ に な ーっ てて
ま ち の か ー ど ー で わ に な ーっ て
☆2
- - - - - - - - - - - - do
☆3
☆4
f
わ に な ーっ て か け て い ーっ た よ ー
わ わ に な ーっ て お ど ーっ て い た よ よ ー
わ に な ーっ て は る の ゆ う ぐ れ ー
mp
は る よ は る よ と か け て い ーっ た ー よ
は る よ は る よ と お ど ーっ て い た ー よ よ
ひ と り さ び し く な い て い ー た ー よ

※ この *cresc.* は、ここが前半の終止でなく
次に続くフレーズであることを示していると思われる

復興への祈り

このすてきな歌が終戦直後の焼け跡の中から生まれたということは見落とすことができません。１番・２番の陽光に希望がきらめくような言葉たちが、３番で突然光を失います。〈すみれ色してた窓で～〉過去形です。美しかった窓は、今は割れているのでしょう。暗闇が迫り来る〈夕暮れ〉に〈ひとり寂しく泣いていた〉。１番・２番で歌われた平和な喜びと暖かさ、それが今は失われてしまった現実。絶望のように響きます。だが……詩人がなぜ今の悲しみを歌うより先に花々に光射す春を歌ったのか、作曲者があれほどまでに憧れに満ちた音楽をつけたのか。

私見ですが、ここでの詩人は見守ることに徹しています。ひとり寂しく泣いている人に気安くかけられる言葉などない。でもその人が涙を拭

**休符だと思わず感動だと思うこと…
この場合どれだろう……**

いたとき、そこには春がある。暖かい日差しがある。割れた窓は取り替えられ再び光に輝くでしょう。街角には再び美しい花が開くでしょう。悲しみからの再生を信じて、悲しむ人を包み込むように見守る春の風があの美しい前奏なのでしょう。泣いていたのを風だと理解すれば、廃墟に人々が戻り、町が再生したとき風は再び駆け、踊ることができる。泣きながらも風は輪になってその日を待っているのだと。どちらの視点から見てもそこには再生への祈りがある。まさに今だからこそ、心から歌いたい歌だと思います。

弱起

『早春賦』（→ p.72-73 ）はアウフタクトから開始される弱起で、歌いだす前の強拍に“感情の滞空時間”である気持ちの“ため”を持つことが重要であることを指摘しました。『花の街』は強拍の裏から歌い始める弱起であり、そこにためられる感情のエネルギーはとても大きいもののはずです。*mp* で歌いだされた旋律は７小節目からクレシェンドをはじめ、９小節もかけた長いクレシェンドの末に全曲で唯一の *f* に到達します。４小節・２小節・３小節という不規則な間をおいていた“ため”は、クレシェンドとともに２小節間隔でたたみかけるように感情を高め、２小節間隔４回目の“ため”がくるであろうところでついに *f* となって噴出するのです（**楽譜の☆**）。それも１小節間 *f* を持続させてからのディミヌエンド。蓄積されてきた感情の大きさが感じられますね。その感情をなだめるように、伴奏に春風（16 分音符）が現れ、トリルでそっと頬をなでていきます。なんという優しさでしょう。

有節歌曲ですので悲しい言葉の３番も楽譜上の要求は変わりませんが、蓄積されていく感情そのものの違いが自然に表現に現れてくるはずです※ 15。

【※ 15 有節歌曲（ゆうせつかきょく）】 歌詞が変わっても旋律を変えずに1番・2番・3番……とくり返していくものを「有節歌曲」という。それに対して歌詞の内容に応じて旋律が変化していくものを「通作歌曲（つうさくかきょく）」という

指揮

“ため”という言葉を何度も使いましたが、テンポを緩めるリテヌートのことではないことを確認しておきましょう（リテヌートは“ため”の一つですが）。指揮の動きを確認すると、拍頭を打った瞬間から手は跳ね上がり放物運動で降りてきます。エネルギーが最も大きいのが拍頭を打った瞬間で、歌いだすのは手が一番上にきているときなのです。歌いだしのポイントにまで自分の心を打ち上げるエネルギー、それが感情であると考えると強拍の休符こそ心を込めるポイントであることが感じられるでしょう。それは指揮者の動きと歌う全員の気持ちとの完全な一致をも求めることとなるのです。それを達成するための集中力が、音楽に命を吹き込み、心に喜びを与えるのです。

中学

夏の思い出

江間章子（えましょうこ） 作詞・中田喜直（なかだよしなお） 作曲

♩=63ぐらい
A1
1. なつがくれば おもいだす はるかなおぜ とおいそら
2. なつがくれば おもいだす はるかなおぜ ののたびよ
A2
きりのなかに うかびくる やさしいかげ のこみち
はなのなかに そよそよと ゆーれゆれる うきしまよ
B
2番のとき
dim.
みずばしょうのはな が さいている ゆめみてさいている みずのほとり
みずばしょうのはな が におっている ゆめみてにおっている みずのほとり
A3
しゃくなげいーろに たそがれる はるかなおぜ とおいそら
まーなこつぶれば なつかしい はるかなおぜ とおいそら

譜例1

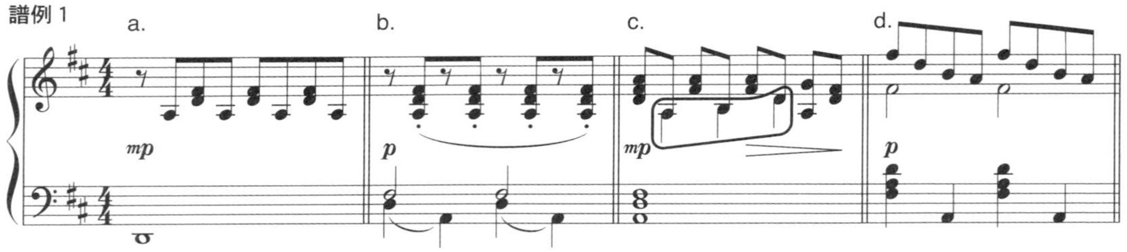
a.
b.
c.
d.

季節は

もしこの歌がなかったら、水芭蕉という植物の名前が今ほど広く認知されてはいなかったでしょう。やさしい言葉でつづられた歌詞は誰にでもすぐわかる内容のように思われますが、わかりやすさゆえによく考えずに歌ってしまいやすく、生徒の中には「夏の思い出を歌っているのだから秋の歌だ」と簡単に決めてしまう者もいるかもしれません。歌われている夏は昨年以前の夏であり、今は「初夏」ですね。

時間経過

16小節（４×４）からなる全曲は、外見上ＡＡＢＡ’という二部形式の見本のような構成ですが、歌詞と音楽の関係を見るとそれほど単純ではありません。以下は楽譜の解釈です。あくまでも富澤の私見に過ぎませんが。

最初のＡ（**楽譜のＡ１**）ははじめに *mp* が指定されたあと強弱の指示が一切なく、ピアノも単純に伴奏することに徹していて（**譜例１のａ**）、あえて魅力的であることを避けているようです。歌っているのは“尾瀬にいない、現在の自分”ですから。

続く４小節（**楽譜のＡ２**）では音量が *p* となり、３小節目では音を膨らませる指示も現れます。ピアノも音型が変わりスラーやスタッカート等豊かな音楽表現が求められています（**譜例１のｂ**）。この伴奏音型からは“あゆみ”が感じられませんか？　作者の心は尾瀬を散策しているのでしょう。それも霧の出ている時間、朝ですね。霧と影のつくり出す白と黒の世界です。３小節目（**楽譜の☆**）では和音も変化して魅力が増しています。

中間部（**楽譜のＢ**）は下属和音から開始され、響きの印象が変わります（下属和音→ p.92）。音量による表現はすべての小節におよび、８分休符による“ため”が感動を表現します（**楽譜の★**）。一面の水芭蕉が見えているのですからもう霧は消えている。昼間ですね。３小節目では、ピアノの右手内声に対旋律が現れて“夢見て”という言葉を魅力的に彩ります（**譜例１のｃ**）。この旋律は４拍目の裏まで続きメロディーに合流しているとみてよいでしょう。目立ちにくいため見落とされがちですが大切に扱いたい部分です。

最後の部分（**楽譜のＡ３**）では空が石楠花（しゃくなげ）色に染まっている。夕方ですね。ピアノは降り注ぐ光のやわらかさを表現しているのでしょうか（**譜例１のｄ**）。そして突然の *mf* 。尾瀬にはいない現実の自分に引き戻され、遠い尾瀬に思いをはせるようなフェルマータが……。

なんと豊かな表現が求められていることでしょう。有節歌曲ですから２番では同じ音楽が違う情景を描き出します。ここまで表現するためには大変な集中力が必要で、その集中力が一生懸命に歌う楽しさを呼び覚ましてくれるでしょう。

真夏に来てもだめ
咲くのは5月か6月
初夏の花だよ

中学

浜辺の歌

林 古溪（こけい） 作詞・成田為三（なりたためぞう） 作曲

♪=104~112 優美に
1. あ し たーは まー べ ーを さー ま ーよ えー ば ー む
2. ゆ う べーは まー べ ーを もー と ーお れー ば ー む
か しーの こー と ーぞ しー の ーば る る ー か
か しーの ひー と ーぞ しー の ーば る る ー よ
ぜ の お ー と よ く も の さ ま よ ー よ
す る な ー み よ か え す な み よ ー つ
す るーな ーー み ーも かー い の い ろ も ー
き のーい ーー ろ ーも ほー し の か げ も ー

作曲者・成田為三の生地、秋田県北秋田市に「浜辺の歌音楽館」という記念館があります。ここに『浜辺の歌』の自筆楽譜が展示されており“積年の疑問”を晴らそうと穴が開くほど見てきました。疑問とは？　はい。テンポと強弱です。

作曲者の言葉

作曲者は「この曲は遅く演奏されすぎる。もっとさらりと演奏するのが良いのです」と語ったと伝えられています。私の手元の楽譜を数種確認すると“♪＝104～112 優美に”と表記されたものと“Andantino”と表記されたものに分かれます。メトロノーム表記だと１小節を６拍に、文字の表記だと２拍に捉えたくなります。自筆楽譜は……Andantino。作

【※16】 昭和22年、この曲が教科書に採用されたときに"優美に♪＝108"の速度表記が記載されました（現行の♪＝104〜112は、108に幅を持たせた表記でしょう）

曲者は２拍の流れるようなテンポを考えていたのかもしれません※16。

覚えやすく美しい旋律ですが16分音符を正確に歌うことはなかなか難しく、指定された速度は無理なく自然に歌えるテンポだと思います。しかし基本的には２拍子だということを見失わないようにしたいですね。

ソドレミ

旋律はソドレミ（移動ド）という音型（音程）で開始されます。この音型により始まる曲はいったいどれほどあるのでしょう。跳躍音程に順次進行が続くことで発展の可能性が極めて大きいことが、この音型がよく使われる理由ではないかと思います。ですが『浜辺の歌』は跳躍したあとの順次進行が16分音符で、しかも"たー"という語尾の１母音の引き延ばしであるために曖昧な歌い方になりやすいのです。

この音型は歌い始める最初の音が低く、その音で声を準備してしまいがちですが、そうなると後半の音域に対応できず、ずり上げた歌い方になりやすい。ヘ長調の版では（原曲は変イ長調）低い属音Ｃから高い属音Ｃまでの１オクターヴを主な音域（頂点で２度上まで上がりますが）としていますので、中央の主音Ｆから上の属音Ｃまでをやわらかく歌える声で準備し、そのポジションのまま歌い始めるようにするとよいでしょう。これは最初の声を出す前に響きのポイントや呼吸をしっかり準備することにつながりますし、しっかり準備することは歌いだす前の休符に想いの"ため"をつくることにつながります。発声も、ソルフェージュ的正確さも、感情を込めることも、相互につながりあっているのです。

早春賦でやっただろ!?
2拍子としての6拍だ!!
♪12345 あ〜し〜ぃ
たまには怖いぞ

強弱

疑問の二つ目は強弱の指定です。伴奏は *p* で、歌は *mp* で歌いだされ、歌の５小節目のアウフタクトから歌は *p*、伴奏は *mf* と指定されています（**楽譜の★**）。*mf* が有効なのは２小節間で歌の７小節目アウフタクトからは歌・伴奏両方に *p* が指定されているのですが、なぜここだけ強弱が逆転するのか不思議です。自筆譜を見ても謎は解けませんでした。自筆譜には強弱指定が一つもついていなかったのです。この *mf* は大正７年の最初の出版譜にすでに現れますが、この楽譜では強弱は伴奏だけに書かれており、歌には１・７小節のアウフタクトに *p* が書いてあるのみでした※17。伴奏だけに強弱がある楽譜では歌は伴奏の強弱と一緒に歌うべきですが、２か所だけすでに歌に *p* がついていたために、伴奏だけ *mf* と解釈されたのではないでしょうか。さあ、どう歌いましょうか？　私なら……昔への想いがこみ上げて声が弱音になったことで波の音がひときわ大きく心に響いてきた……なんていうのはどうです？

【※17】 昭和22年、教科書に採用された際、現在と同じ強弱指定がなされました

中学

赤とんぼ

三木露風（みきろふう） 作詞・山田耕筰（こうさく） 作曲

♩=60 ぐらい
p mf mf
1. ゆ う や け こ や け ー の あ か と ん ぼ
2. や ー ま の は た け ー の く わ の み を
3. じゅ う ご で ね え や ー は よ め に ゆ き
4. ゆ う や け こ や け ー の あ か と ん ぼ
p mf p
お わ れ て み た の ー は ー い つ の ー ひ ー か
こ か ご に つ ん だ ー は ー ま ぼ ろ ー し ー か
お さ と の た よ り ー も ー た え は ー て ー た
と ま ーっ て い ー る ー よ ー さ お の ー さ ー き

日本近代音楽の先駆者、山田耕筰（明治19年～昭和40年）の代表作の一つです。わずか8小節の一部形式。題材は“とんぼ”。一見シンプルな外観から、子ども向けの童謡としてかつては小学生の教材として扱われていました。現在は中学生の歌唱教材とされていることからわかるように、歌曲として扱われることが多くなっています。

童謡か歌曲か

作詞者・三木露風（明治22年～昭和39年）はこの作品を童謡と呼んでおり、作曲者も自身の『童謡百曲集』の一つとして作曲、発表していますので、童謡として生み出されたことは確かです。それが歌曲として扱われるようになったのは、童謡という枠には収まらない作品自身の大きさによるのでしょう。単純に見える旋律も音域は11度と大変広く、しかも最低音で歌いだされ一気に最高音にまで駆けのぼります。その後も２度から６度までのさまざまな音程が自在に駆使され、かつすべての小節に対し誇張的に見えるほどの強弱表現が求められている。さらに伴奏にも低音の半音階的下行など、ざん新な響きが用いられており、子ども向けの単純さどころかきわめて高度な音楽的要求の総合体といってよい作品なのです。

私見ですが、作曲者は“歌わせるための童謡”ではなく“歌って聞か

思い出は
楽しいものばかりじゃない……

せるための童謡”を意図していたのではないでしょうか。『この道』『ペチカ』など童謡として生み出された多くの歌が、現在では歌曲とされているように、『赤とんぼ』も同じ価値を有する歌曲として扱うことは作品にふさわしいことであろうと思います。一転、生徒たちにとっては習わずともどこかで聞いて知っている童謡の1曲でしょう。「中学生になってなぜ子どもの歌を」と思ってしまったら、作品と真剣に向き合えません。小学校で歌ってきた歌とは違う、歌曲としての高度な要求に気づかせ、それに応えるべく真剣に演奏する楽しさにふれさせてあげたいものです。

ソドレミ

音楽的に見てみましょう。音域の広さは開始音が低い属音となっているためで、この音以外は変ホ長調の主音から主音までの1オクターヴが音域です。出だしの旋律は移動ドでいえばソドレミ。これは『浜辺の歌』（→ p.78-79 ）でご説明した発声方法が当てはまります。さらに開始から2小節間の旋律線は、ヘ音（**楽譜の**☆）の有無以外『早春譜』（→ p.72-73）と同じですね。共通教材は相互につながりがあり、一つの曲で学習したことがほかの曲に応用・発展できるよう考えられ選ばれているのですね。

歌詞の深さ

歌曲としての要求の高度さを生徒に理解させるには、詩の深さについて考えることが有効でしょう。詩を深く読み込んでください。背負われているのは誰か。誰が背負ってくれているのか。姐やとは誰か。お里とは。考え、調べ、また考え……。三木露風の生い立ちにまでさかのぼることも良いかもしれませんね。幼少期の思い出が胸にこみ上げてくる……。この感情は誰にとっても共感でき、感情移入できるものでしょう。一人ひとりが自分の思いを作品に照射して、自分の言葉として歌ってもよいのではないでしょうか。

この詩は過去を歌っていますが4番だけが現在です。竿の先にとまっている赤とんぼを見たことで幼少期に思いが至る……。あの頃とは何もかもが変わり、でも赤とんぼは変わらずそこに……。視点を変えることでどこまでも深くなっていく詩の世界を味わいつくしてみたいものです。

蛇足ながら、4番の〈赤とんぼ　とまっているよ　竿の先〉は、三木露風が12歳のときに詠んだ俳句だとのこと。30歳頃の三木が、赤とんぼを見たことで少年時代の俳句を思い出し、それを歌詞に詠み込んだのです。どんな思いだったのでしょうか。感受性豊かな中学生の胸に響くものがきっとあるはずです。

中学

荒城の月

土井晩翠（どいばんすい） 作詞・滝 廉太郎（たきれんたろう） 作曲

Andante
mf
☆
1. はるこうろうの　はなのえん　めぐるさかずき　かげさして
2. あきじんえいの　しものいろ　なきゆくかりの　かずみせて
3. いまこうじょうの　よわのつき　かわらぬひかり　たがためぞ
4. てんじょうかげは　かわらねど　えいこはうつる　よのすがた
★
ちよのまつがえ　わけいでし　むかしのひかり　いまいずこ
うえるつるぎに　てりそいし　むかしのひかり　いまいずこ
かきにのこるは　ただかずら　まつにうとうは　ただあらし
うつさんとてか　いまもなお　ああこうじょうの　よわのつき

譜例1　山田耕筰編曲版

p
p
☆
はるこうろうの　はなのえん
★ f
ちよのまつがえ

明治36年、わずか23歳で世を去った滝廉太郎。そのあまりにも短い命の中で書き残された音楽は、私たちの心の宝となっています。名曲『花』を第1曲とする組歌《四季》、『中学唱歌』の公募に応募し採用された『箱根八里』『荒城の月』『豊太閤』。〈♪もう　いくつねると〜〉の『お正月』。20歳そこそこの作曲者は、西洋音楽を自らの語法として自在に駆使しこれらの曲を生み出しました。短い命の火を燃やして書き残されたこの歌たちをしっかりと後世に歌い継いでいきましょう（組歌《四季》は全4曲、独唱あり混声合唱ありと各曲の編成が違うことから全曲演奏の機会は多くありません。『豊太閤』は詩が軍国的なことから今日では歌われません。音楽そのものは覇気にあふれた魅力あるものなのですが）。

改変

【※18 単位音符】
まきばの朝（p.42-43）参照

『中学唱歌』は明治34年に出版されました。唱歌は単旋律での掲載でしたので、伴奏は書かれていません。よく知られる山田耕筰の伴奏編曲出版が大正7年ですので、それまではどうしていたのか……。伴奏を弾ける人も多くはなかったでしょうから無伴奏か、旋律をなぞる伴奏で単旋律として歌われていたのかもしれません。山田の伴奏は情緒あふれる素晴らしいものですが、1拍の単位音符を倍にし※18、音程（**楽譜の☆**）・リズム（**楽譜の★**）にも変更が加えられています（**譜例1**）。この改変を良しとせず、昭和5年に本居長世によって滝の原曲に従った新たな伴奏がつくられました。ところが、この本居版も1拍の単位音符は山田版のまま倍に引き延ばしています。これは滝が指定した4分の4拍子Andanteを8分音符で歌うと“速すぎて情緒が表現できない”と考えられたためでしょう。遅すぎず、速すぎず、この曲の情緒を表現するのに適切なテンポはどれか。歌詞を読み、情景を考え、さまざまなテンポや伴奏で実際に歌ってみて、自らの感覚でこの曲にふさわしいテンポを考えることは良い学習になるだろうと思います。

竹田訪問のこと

私ごとですが数年前念願かなって竹田を訪問し、岡城に登り、滝の記念館を訪ねました。12～13歳の滝が暮らした部屋に1人座し、しばし彼と語らいました。彼が上った階段、彼が寝転んだ床、すべてが私を受け入れ、私が心を寄せることを許してくれました。

心を寄せる……これが音楽、いやすべての芸術の本質なのだと思います。木に花に心を寄せること。海に山に四季に心を寄せること。友に心を寄せる、それは友の心に自らの心を寄せること。そして自らに心を寄せること。それは人間であること。なぜ学校で歌を歌うのか。なぜ合唱コンクールが生徒の心を揺さぶるのか。仲間と心を寄せあって歌うから感動があり……、いえ、心を寄せあってともに歌うからこそ真に仲間となれるのです。

みんな　なかま!

詩の語る一つひとつに心を寄せてください。滝の書いた一音一音に心を寄せてください。そして明治からの長い時間、この歌に心を寄せた多くの人たちに心を寄せてください。そこに共感が生まれ、時空を超えた仲間がきっと得られます。

コラム 7

中学生にとって歌とは

校内合唱コンクール。各クラスが曲を選び、昼休み、放課後懸命に練習する。選ばれた指揮者は見よう見まねながら懸命に手を振り、伴奏の子は学校の先生やピアノの先生に教わったりしながら懸命に弾く。変声期の男子は不自由な声を無理に操り、女の子たちは大きな口を開くことに抵抗を感じながら、その恥ずかしさを懸命に乗り越える。ここにあるのは“懸命さ”。上手下手を超えた若者の“懸命さ”が聴く者の胸を打ちます。そこに至る過程では……不真面目な男子、消極的な女子、指揮者が懸命になっても空回りし、いつか険悪な空気が生まれ……。投げ出す子、泣き出す子……。だがやがて隣のクラスから歌が聞こえてくる。「やばい、1組うまいよ……やらないとまずいんじゃない?」。はじめは対抗心。負けたくないという思いが生徒たちを練習に向かわせる。音楽が好きなわけじゃないし合唱がやりたいわけじゃない。でも負けたくない。とにかく練習を始めてみると……彼らは楽しくなってくる。体育祭と一緒なのです。クラス対抗のリレー、必死に走る仲間を懸命に応援したあのときの盛り上がりとクラスの一体感。同じものが合唱を練習する教室の中に生まれてくる。そして今度は応援しているだけではない。選手は自分なのだ。自分が全力で走らなかったらクラスは負けてしまうのだ。好き嫌い、苦手得意を超え全員が懸命に声を出そうとした瞬間、クラスは一つになるのです。これこそが音楽が子どもたち、生徒たちに教えうる最高のものでしょう。自らの心に自らの手で火をつけること、そのとき必ず喜びと感動と、そして確かな成長の手ごたえが得られるはずです。誰かが火をつけてくれるのを待っている子どもたち。違う!　火は自分でつけるのだ!　「みんな命を燃やすんだ!　星のように!」と『COSMOS』の歌詞も歌っているではないか!

あれほど熱く燃えて歌っていた生徒が、コンクールが終わったとたんに元に戻った……。燃え尽き?　いえ、本当の向上は日常の中にある。小学校から上ってきた階段が上段にさしかかった中学生。自らを成長・

向上させていくことを学んできたはずです。それを忘れずに階段を上り続けてほしい。共通教材たちは合唱曲とは違いますが、そこには小学校から続いてきた長い成長の階段があります。そこで得てきたものたちを存分に使いこなすフィールドとして、合唱コンクールがあれば。そこで得られるものの大きさがどれほどのものとなりえるでしょうか。

　大好きな言葉を一つ「可能性が人の形をして服を着ているものが中学生である」。

まけるな!　1組に !!

付録

富澤流 必要最小限の 楽典

聖典、経典、法典……。「○典」とは書物、もしくは“おきて”のことです。……とすると、楽典とは“音楽のおきて”!? まあ、そんなにかたく考えないでください。音という見ることもさわることもできないものに対する共通認識を持つために、言語で説明した定義集が楽典なのです。それだけに掘り下げだしたら深いですが、理論ではなくあくまでも定義のようなものなので「何の話をしているのか」がわかれば最低限はＯＫでしょう。

これは、本書に現れた音楽用語を極限までそぎ落として必要部分だけをまとめた脚注的楽典です。入り口で迷わないためのガイドとお考えください。

ここで定義された事柄は、和音なら和声学、形式なら楽式論と、分科会のように分かれて深められます。興味を持たれたらより詳細な楽典をお読みいただき、各分科会へと触手を伸ばしていただけたらと思います。

1 音名

ずばり！ 音の呼び表し方です。

日本音名	ハ	ニ	ホ	ヘ	ト	イ	ロ	ハ
イタリア音名	ド	レ	ミ	ファ	ソ	ラ	シ	ド

♯のときは〔**嬰**（えい）〕
♭のときは〔**変**〕
を音名の前につけます

♯♭の区別をつけることはほとんどありません

歌唱にはイタリア音名が用いられます。日本音名は主に調名表記の際に用いられます。クラシック音楽ではドイツ音名、ポピュラー音楽では英語音名が主に用いられます。日本音名、イタリア音名の詳細、ドイツ音名、英語音名に関しては専門書を参照してください。

2 拍子

・ ・ ・ ・ ・ ・ ・ ・ ・ ・ ～

一定の速さで打たれるものを〔**拍**〕と呼びます。

強弱の規則性を〔**拍子**〕と呼び強い拍を〔**強拍**〕、それ以外を〔**弱拍**〕と呼びます。

4拍子では3拍目に小さなアクセントが置かれます。

強 ● ・ | 強 ● ・ | ～ 2拍子
1 2 1 2

強 ● ・ ・ | 強 ● ・ ・ | ～ 3拍子
1 2 3 1 2 3

強 ● ・ やや強 ● ・ | 強 ● ・ やや強 ● ・ | ～ 4拍子
1 2 3 4 1 2 3 4

単位となる音符を分母として、拍子名とします。

1 2
1 2
1 2

これは
「4分音符を単位とする
2拍分」なので
「4分の2拍子」だね

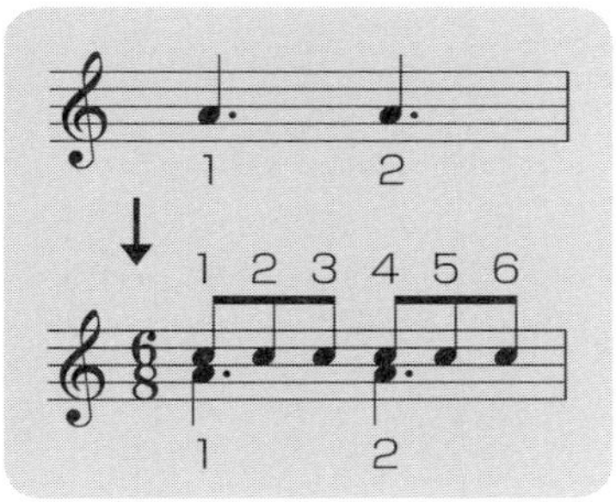
1 2
1 2 3 4 5 6
1 2

付点４分音符が単位の場合、分母を数字で表記できないので「８分の６拍子」と表記します。

６拍子が２拍子の仲間であることがわかりますね。

強拍からはじまる曲を〔**強起**〕、弱拍からはじまる曲を〔**弱起**〕と呼びます。弱起のはじまりの弱拍、強拍の前の準備の拍を〔**アウフタクト**（**上拍**）〕と呼びます。

強起
『ふるさと』より
弱起
『おぼろ月夜』より

弱拍と強拍が連結されるとアクセントが移動します。これを〔**シンコペーション**〕と呼びます。

アクセントの位置が移動したね

3 音程

２つの音のへだたりを〔**音程**〕といいます。

♯や♭のついていない状態の音を〔**幹音**〕といい、音程は「２つの音のあいだが、幹音いくつぶん離れているか」を〔(幹音の数) **度**〕という言い方で表します。

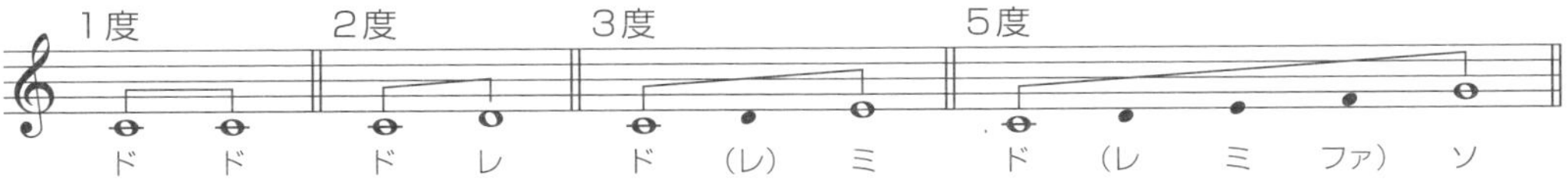
1度
ド ド
2度
ド レ
3度
ド (レ) ミ
5度
ド (レ ミ ファ) ソ

幹音による２度音程でも〈レ - ミ〉と〈ミ - ファ〉ではへだたりが違います。これを正確に言い表すために「完全」「長・短」「増・減」という用語を使って説明します。

１度・４度・５度・８度が〔完全○度〕、２度・３度・６度・７度には「広・狭」の２種がありそれぞれ**〔長○度・短○度〕**と呼びます。「完全」「長」が広くなると〔増○度〕、「完全」「短」が狭くなると〔減○度〕と呼びます。完全音程には例外もありやや複雑なので詳しくは専門書を参照してください。

ここでは２度音程のみ説明します。

黒鍵をふくむ鍵盤１つのへだたりを〔**半音**〕、鍵盤２つのへだたりを〔**全音**〕と呼びます。

〈ド - レ〉〈レ - ミ〉は間に黒鍵があるので全音。この音程を〔**長２度**〕。〈ミ - ファ〉は鍵盤１つ狭く半音。この音程を〔**短２度**〕と呼びます。ドから１オクターヴ上のドまでの間で、〈ミ - ファ〉〈シ - ド〉が半音、ほかは全音です。

同じ2度でも
黒鍵をはさむかどうかで
「長」「短」が変わるね
半音
ド
レ
ミ
ファ
ソ
ラ
シ
ド
全音
(長2度)
半音
(短2度)
短バーガー

4 音階と調

全音と半音がこのように並んでいる音階を〔**長音階**〕と呼びます。ピアノの鍵盤は、これそのものですね。

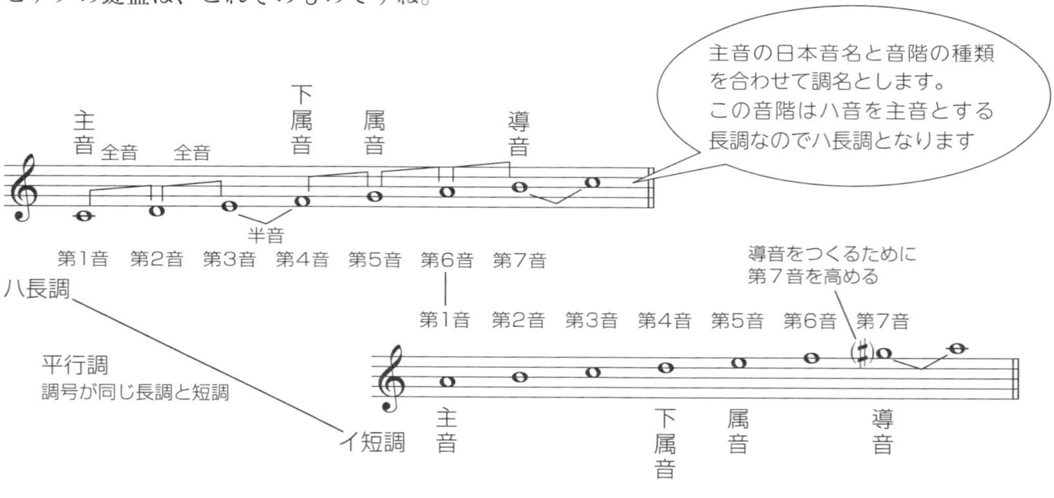

主音の日本音名と音階の種類を合わせて調名とします。
この音階はハ音を主音とする長調なのでハ長調となります
主音
全音
全音
下属音
属音
導音
半音
第1音
第2音
第3音
第4音
第5音
第6音
第7音
ハ長調
平行調
調号が同じ長調と短調
イ短調
導音をつくるために
第7音を高める
第1音
第2音
第3音
第4音
第5音
第6音
第7音
主音
下属音
属音
導音

基準となる最初の音を〔**主音**〕、４番目の音（じつは主音の５度下の音）を〔**下属音**（かぞくおん）〕、５番目の音を〔**属音**（ぞくおん）〕と呼びます。この３つの音は〔**和音**〕で重要な役割を果たします。

主音の短２度下の音である７番目の音を〔**導音**（どうおん）〕と呼びます。音は近いほうに、全音よりも半音のほうに進みたがる性質があり〈シ〉は〈ド〉に進もうとする。導音とは主音を「導く音」ということです。

長音階の第６音を主音とする音階が〔**短音階**〕となります。同じ調号の短調と長調を〔**平行調**〕と呼び、イとハのように短３度の関係になっているのでセットで覚えたいですね。

応用編

ヘ音を主音とする長調はヘ長調。
第３音と第４音の間を半音にするために第４音に♭がつきます。これを前に出したものが〔**調号**〕です

ト音を主音とする長調はト長調。
第７音と主音の間を半音にするために第７音に♯がつきます。これが調号となります。

ヘ長調
調号
ト長調
調号

※短調で導音をつくるために付けた記号はあくまでも臨時であり、調号には反映しません

それぞれの調の“主音をドとして歌う”歌い方を〔**移動ド唱法**〕。
“音名そのままで歌う”歌い方を〔**固定ド唱法**〕と呼びます。

ヘ長調
主音
平行調：ニ短調の主音
ニ短調
主音

移動ド	ド	レ	ミ	ファ	ソ	ラ	シ	ド
固定ド	ファ	ソ	ラ	シ	ド	レ	ミ	ファ

移動ド	ラ	シ	ド	レ	ミ	ファ	ソ	ラ
固定ド	レ	ミ	ファ	ソ	ラ	シ	ド	レ

音階から第４音と第７音を抜くと、４・７抜き→〔**ヨナヌキ**〕と呼ばれる音階になります。これは中国から入り雅楽に用いられた「呂(りょ)旋法」と同じです。

ヨナヌキ
陽旋法 ※
第1音 第2音 第3音 (第4音) 第5音 第6音 (第7音) 第1音

〔**陽旋法(ようせんぽう)（陽音階）**〕は“田舎節”と呼ばれるように、民謡などに多く見られる日本の民衆的な響きの印象があります。ヨナヌキと陽旋法は、用いられている音が同じなので混同されることも多いようです。（※日本の音階は複雑なので、専門書をご参照ください）

『かくれんぼ』を見ると陽旋法によっていることがよくわかりますね（わかりやすくするために音の高さを変えています）

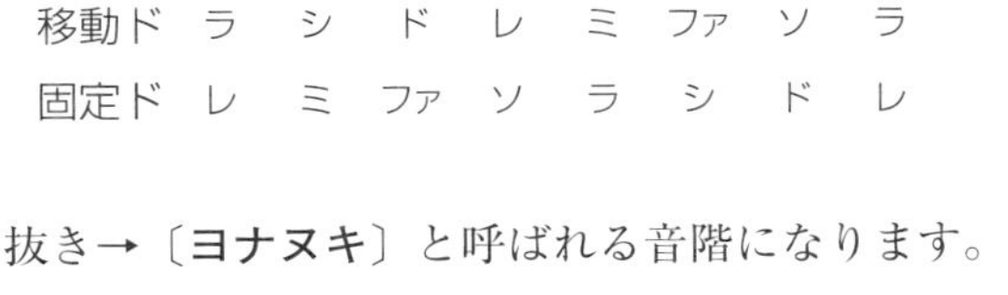

『かくれんぼ』より

わらべうたや民謡と共通する親しみやすさが、同じ音を持つヨナヌキが好まれた理由かもしれません。明治・大正期にはヨナヌキの曲がとても多くつくられています。

5 和音

主和音 Ⅰ
下属和音 Ⅳ
属和音 Ⅴ

主音の上にできる三和音を〔**主和音**〕下属音の上にできる三和音を〔**下属和音**〕属音の上にできる三和音を〔**属和音**〕と呼び、この3つを〔**主要三和音**〕と呼びます。

和音を連結していくことを〔**和声**〕といい、基本となる3つの連結パターンがあります。

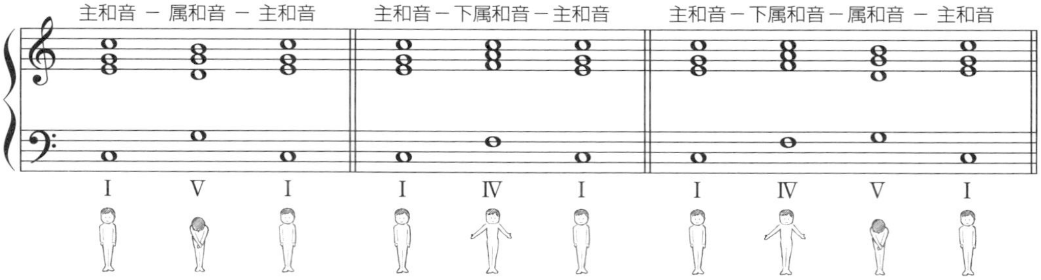
主和音 － 属和音 － 主和音
主和音－下属和音－主和音
主和音－下属和音－属和音 － 主和音
Ⅰ Ⅴ Ⅰ
Ⅰ Ⅳ Ⅰ
Ⅰ Ⅳ Ⅴ Ⅰ

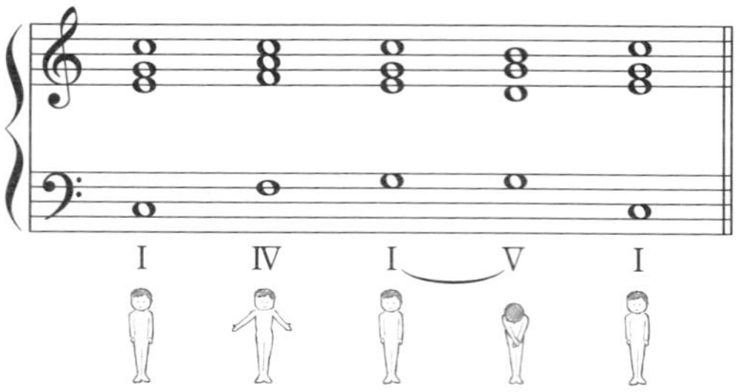
Ⅰ Ⅳ Ⅰ Ⅴ Ⅰ

上の譜例のような完結した和音の連結を〔**カデンツ**〕と呼びます。

合唱の練習などで歌われる〈主和音 - 下属和音 - 主和音 - 属和音 - 主和音〉は、左手の動きからわかるように3番目のカデンツの変形です（左の譜例）。

6 形式

旋律は、構成している要素によっていくつかの細胞に分けられます。

〔主題〕 旋律そのもの。
〔動機〕 旋律を構成する要素のうちの、独立性を持った最小単位。
多くは2小節からなる（1小節では拍子がわからない）。
〔部分動機〕 動機を構成しているリズムや音程的な特徴。
〔小楽節〕 動機が組み合わされた、旋律の完結していない1つのフレーズ。多くは4小節からなる。
〔大楽節〕 多くは2つの小楽節からなる完結した段落。
〔形式〕 曲が1つの大楽節からなるものを〔一部形式〕、2つの大楽節からなるものを〔二部形式〕、3つの大楽節からなるものを〔三部形式〕と呼びます。

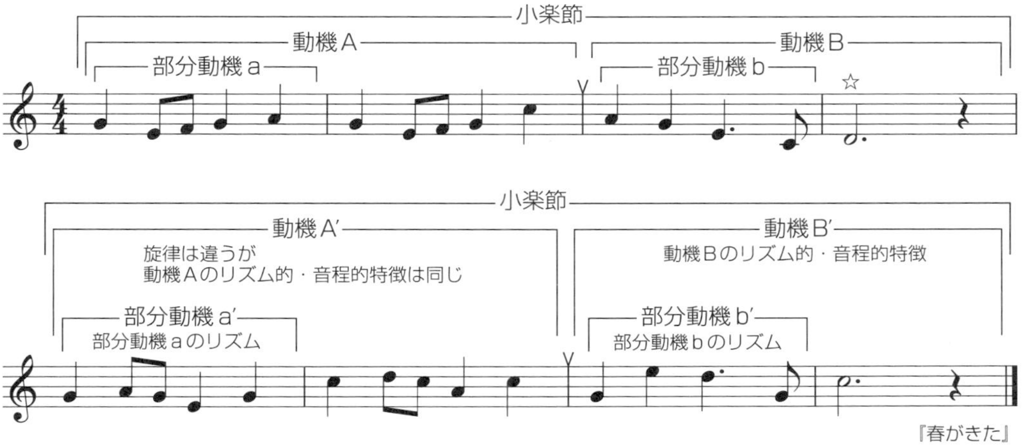
小楽節
動機A
部分動機 a
動機B
部分動機 b
☆
小楽節
動機A′
旋律は違うが
動機Aのリズム的・音程的特徴は同じ
動機B′
動機Bのリズム的・音程的特徴
部分動機 a′
部分動機 a のリズム
部分動機 b′
部分動機 b のリズム

『春がきた』

『春がきた』は４小節の小楽節２つからなる１つの大楽節でできている一部形式。同じ旋律のくり返しはありませんが、旋律の持つリズム的・音程的特徴（部分動機）がくり返されていることがわかります。

４小節目の終わりで音楽に一つの段落ができますが（☆）、和音は属和音で終わっていて完結していません。このような終わり方を〔**半終止**〕といい、大楽節の折り返し点としてしばしば現れます。主和音で完全に終わるかたちを〔**完全終止**〕と呼びます。

参考年表

歌唱共通教材　初出・作曲年

江戸時代

- 越天楽今様　平安後期～鎌倉期に成立

明治時代（1868年-1912年）

- 『箏曲集』刊行（1888・明治 21）
  …さくらさくら　初出
- 『小学唱歌』刊行（1892-93・明治 25-26）
  …うさぎ　初出
- 花　発表（1900・明治 33）
- 荒城の月　発表（1901・明治 34）
- 『尋常小学読本唱歌』発行（1910・明治 43）
  …春がきた　われは海の子　虫のこえ　ふじ山　初出
- 『尋常小学唱歌』発行（1911・明治 44）
  …かたつむり　日のまる　もみじ　初出
- 『尋常小学唱歌』発行（1912・明治 45）
  …茶つみ　初出

大正時代（1912年-1926年）

- 『尋常小学唱歌』発行（1912・大正元）
  …春の小川　初出
- 『尋常小学唱歌』発行（1913・大正 2）
  …こいのぼり　冬げしき　初出
- 早春賦　発表（1913・大正 2）
- 『尋常小学唱歌』発行（1914・大正 3）
  …おぼろ月夜　ふるさと　初出
- 浜辺の歌　出版（1918・大正 7）
- 『大正少年唱歌』発行（1919・大正 8）
  …とんび　初出
- 夕やけこやけ　作曲（1923・大正 12）

昭和時代（1926年-1989年）

- 赤とんぼ　作曲（1927・昭和 2）
- 『新訂尋常小学唱歌』発行（1932・昭和 7）
  …まきばの朝　スキーの歌　初出
- 『ウタノホン上』発行（1941・昭和 16）
  …うみ　かくれんぼ　初出
- 花の街　発表（1947・昭和 22）
- 夏の思い出　発表（1949・昭和 24）

平成

作曲家

- 高野辰之（1876-1947）
- 岡野貞一（1878-1941）
- 滝廉太郎（1879-1903）
- 梁田　貞（1885-1959）
- 中田　章（1886-1931）
- 山田耕筰（1886-1965）
- 成田為三（1893-1945）
- 草川　信（1893-1948）
- 井上武士（1894-1974）
- 下総皖一（1898-1962）
- 中田喜直（1923-2000）
- 團伊玖磨（1924-2001）

日本史・世界史

- ○ペリー来航（1853）
- ○明治維新（1868）
- ●**雅楽局の設置（1870）**
- ○学制公布（1872）
- ●**音楽取調掛の設置（1879）**
- ●**『小学唱歌集』初編発行（1882）**
- ●**東京音楽学校設立（1887）**
- ○パリ万国博（1889）
- ○映画の発明（1898）
- ○第1次世界大戦（1914-18）
- ○ロシア革命（1917）
- ○『赤い鳥』創刊（1918）
- ●**大正童謡運動**
- ○ラジオ放送開始（1925）
- ○第2次世界大戦（1939-45）
- ○太平洋戦争（1941-45）
- ○テレビ放送開始（1953）
- ○東京オリンピック（1964）
- ○大阪万国博覧会（1970）
- ○東西ドイツ統一（1990）
- ○沖縄サミット（2000）

西洋音楽史

- ドビュッシー（1862-1918）
- ラヴェル（1875-1937）
- ストラヴィンスキー（1882-1971）
- ガーシュイン（1898-1937）
- ケージ（1912-1992）
- バーンスタイン（1918-1990）

ロマン派
近代、現代（19世紀末～）

1850　1900　1950　2000

※上記表に明記されていない曲は、作曲年／初出年不明のもの

あとがき

明治から大正にかけてつくられた多くの唱歌たち。彼らと戦後つくられた歌とでは内容に大きな違いがあります。戦後の歌は「ぼく・きみ」「ぼくたち」といった対人関係をもとにした歌がほとんどであるのに対し、戦前の歌は「自然」「季節」「風月」といった私たちの国日本の風土を歌いあげているものが多いのです。戦後の歌に比べて感情移入は難しい。しかしこれらを歌うことでこの国の風土を感じる目を養い、愛することを学ぶことができるのです。さらにそこで学んだ「集中して歌う楽しさ」「胸の前の玉」などは音楽という教科を超えて学ぶこと、生きることの大きな礎となるでしょう。共通教材。先人が残してくれたこのすばらしい財産を愛し、生かし、次世代に受け渡していけることの幸せをかみしめたいと思います。

心の教育がさけばれながら数値によってのみ価値を判断する社会の中で、心という数値化することのできないものをはぐくむことの大切さと難しさを、そして音楽にできることの素晴らしさを胸に刻んでおきたいと思います。

「大切なものは目には見えない」サン＝テグジュペリ

本書を世に送り出してくださいました『教育音楽』編集長の岸田雅子さん、すぐ脇道にそれそうになる私を常に適切な助言でゴールまで導いてくださいました山田洋子さんに心からの感謝を申し上げます。

2013年新春　富澤　裕

[著者プロフィール]

富澤 裕　とみざわ・ゆたか

1959 年神奈川生まれ。

東京声専音楽学校卒、同校オペラ研究科修了。

作曲を西崎嘉太郎、青島広志の各氏に、指揮を野口政男、小林研一郎の各氏に師事。

多摩シティオペラ音楽監督、東京フロイデ（高齢協）合唱団常任指揮者、ほか多くの合唱団の指揮者を務める。

日本レクリエーション協会公認レクリエーション・インストラクター。

音楽之友社
音楽指導ブック

[音楽指導ブック]

音楽科必携!

歌唱共通教材 指導のヒント

2013 年 4 月 10 日　第 1 刷発行
2025 年 2 月 28 日　第 8 刷発行

著　者　富澤 裕
発行者　時枝　正
発行所　東京都新宿区神楽坂 6-30
株式会社　音楽之友社
郵便番号　162-8716
電話　03(3235)2111〈代〉
振替 00170-4-196250
https://ongakunotomo.co.jp
装丁・造本設計　廣田清子（office SunRa）
イラスト　とみざわ・ゆたか
楽譜浄書　スタイルノート
印　刷　星野精版印刷
製　本　誠幸堂

ISBN978-4-276-32153-3　C1073